U0503691

传拓技艺

王 博 著

文物出版社

图书在版编目（CIP）数据

传拓技艺 / 王博著 . -- 北京：文物出版社，
2024.7

ISBN 978-7-5010-8439-5

Ⅰ . ①传… Ⅱ . ①王… Ⅲ . ①传拓技术 Ⅳ .
① G263

中国国家版本馆 CIP 数据核字（2024）第 105587 号

传拓技艺

著　者　王　博

封面题字　傅万里
责任编辑　陈　峰
封面设计　刘　远
责任印制　王　芳

出版发行　文物出版社
社　　址　北京市东城区东直门内北小街 2 号楼
邮　　编　100007
网　　址　http://www.wenwu.com
邮　　箱：wenwu1957@126.com
经　　销　新华书店
印　　刷　宝蕾元仁浩（天津）印刷有限公司
开　　本　710mm×1000mm　1/16
印　　张　17.75
版　　次　2024 年 7 月第 1 版
印　　次　2024 年 7 月第 1 次印刷
书　　号　ISBN 978-7-5010-8439-5
定　　价　188.00 元

序

　　作者王博，2009 年进入中国国家博物馆文保院，从事书画文献修复研究工作，现为副研究馆员。2014 年随我学习文物传拓技艺，至今已过十载，十年间他勤奋好学，刻苦钻研，已掌握了丰富的传拓理论知识和娴熟的传拓技法，尤其对青铜器物的拓制工作，更有独到的建树。他和我一起拓制了大量的馆藏器物，颇受好评。如今他对此道略有所成，亦有所感。遂将这些年修习传拓实践中的所思所感所悟辑录整理，写成了《传拓技艺》这本深入浅出的小书，是为从艺之小结。

　　此书简述了传拓技艺的发展历程，并对所用工具与材料，传拓的工艺程序和基本种类做了颇为详尽的介绍。结合他多年从事书画装裱修复与保护的实践经验和实际工作案例，深入探赜拓片的装裱、保存与养护精要，更进一步讲述了拓片文物的保护和修复要点。书中内容丰富，文字叙述直观易懂，辅以图画演示，对传拓初学者有一定的学习和参考作用，亦可作同仁互学互鉴、交流探讨之用。其中有诸多专业方向的研究尚有待深入思索和研究，若有不足之处，望诸位同仁垂阅斧正。书后附有我与王博、张越两位弟子近年手拓之作，与君共赏。

　　传拓技艺对器物的考证解读有着直观的呈现力和极佳的诠释性，它能够客观、真实、全面、清晰地反映器物的铭文、纹饰以及斑驳、风化的原貌形态，而拓片本身的墨色叠加出的层次感，具有丰富的表现力。使拓片具有涵盖纸、墨、拓、赏等多种交融的艺术通感和历史的沧桑之感，成为珍贵的历史文化遗存。传拓又是一项实操性很强的技艺，材料考究，需佳纸良墨，才能得心应手，不仅要有丰富的拓制技艺，还需融入拓制者的审美和情思等因素，方能纸墨生辉。随着"让文物活起来，让历史看得见，让文脉传下去""全面提升文物保护利用和文化遗产保护传承"等文化政策的实施，传统文化在人民大众中日益普及，传拓技艺不再囿于师承关系的小众之中，而已凸显出一种艺术性、普及性的方式，对人民群众，尤其是青少年了解传统文化和非物质文化遗产具有重要的意义。同时，拓片所承载的丰富多元的文化信息和其自蕴的美学元素，使之成为提高公众审美、赋能文化自信和传播的载体。

王博作为在文博领域从事文物保护与修复的工作者，更应在专业领域致力于传拓技艺的传承和发扬。与传拓结缘，是王博在文博事业上的选择，也是他的使命，他在工作上一丝不苟的态度和潜心治学的精神是值得肯定的。盼其能初心不改，在精研传拓技艺的道路上行而不辍，积跬步，至千里。

甲辰年夏月于中国国家博物馆文保院

目 录

图版目录

前　言

　　中国传统技艺源远流长、丰富多彩，其中传拓技艺独树一帜。传拓所含信息种类繁多，能够记载反映某一段时间或一个时期的历史文化、社会发展、人文事件、名胜古迹等，是研究其背后文化内涵的关键素材和重要参考史料，至今还在文物、考古和古籍保护工作中发挥着不可替代的作用。传拓技艺不仅传承物质本身，更把我们古老民族的思想精髓记录了下来。因此，不但要保护好传拓技艺本身，更要继承传拓文化所蕴含的精神。

　　传拓是在历史发展的过程中形成和沿袭下来的一种古老的复制手法，无数珍贵的文物、文献和书法艺术因此项技艺得以流传，对古代文化的延续和保存起了重要的作用。传拓技艺已有一千多年的历史，对于产生的具体时间，因史料记载有限，目前尚无确定，但自发轫之始，便在传承中不断得到丰富和发展。东汉时期刻碑之风兴盛，且刻工精良，特别是《熹平石经》被用作官定经本，出于对文字的需求，开始研究复制碑刻上的内容。这一时期造纸技术得到改进，用纸传拓有了可能，加之墨的发明和广泛使用，为传拓的产生奠定了重要基础。《隋书·经籍志》云"其相承传拓之本，犹在秘府"。所以，这一技术应在隋代已经产生，甚至更早。我们现在见到的最早的拓片是原存敦煌藏经洞的唐太宗的《温泉铭》，现藏于法国巴黎国立图书馆。有关唐代拓片的史料在一些古籍、诗文中也多有记载，都清楚地反映了当时传拓古代碑碣的习惯和活动，说明唐代不仅已有拓片流行，而且拓制技艺已有较高水平。到了宋代，拓片已盛行风靡，由于文化发达，刻帖业兴盛，传拓古迹及对古代名碑帖进行大量再翻刻，令金石学与传拓更加紧密，传拓技艺也得到了更大提高。在隋唐两代多用擦墨拓法的基础上，宋代发明扑拓之法。明清时期因材料的改进和技术的进一步发展，拓片更加精致，拓制范围扩大，方法多样。明代盛行朱拓，又出现了套拓。清代不仅产生了摩崖拓、全形拓，而且所拓器物日增，甲骨、玉器、造像、汉砖瓦当、墓志碑刻无所不包。近现代时期在继承前人的基础上运用新的工具材料，推陈出新，方法更为先进。在现代科学技术日新月异的今天，传拓技艺对于器物空间形态信息的再现，是诸多先进科技如照相、视频、绘图等手段无法取代的，这门古老的传统技艺仍然发挥着重要作用。伴随着传拓技艺和拓片文化的发展，装裱拓片的技术也随之出现了，拓片经过装裱不但增加了艺术效果，更加便于观赏、收藏和保护。

传拓要经过一套精细且复杂的操作过程，并有特别的技术方法和工作材料。根据所拓器物、质地的不同和地域环境的差异，在其色彩与内容上也有着极为丰富和多变的表现形式。首先，学习传拓技艺需要了解传拓过程和基本方法，并能独立制作工具、熟悉材料，在不断的实践中逐步提高。其次，更要具备一定的艺术修养和鉴赏知识，对传拓对象的选择、强调、减弱、手法等都要考虑其传拓后的审美效果。拓制拓片不是简单复制原物，而是一种创造性劳动，它既忠实于原器物，又在视觉表现上更加清晰、鲜明、强烈。

笔者从事书画装裱与修复工作已有 15 年，2014 年有幸拜中国国家博物馆终身研究馆员傅万里先生习得传拓技艺，经过馆里多年培养和傅先生口授心传、言传身教，在长期的实践中继承传统，同时逐步掌握传拓知识，熟练传拓技能，结合自己多年传拓实践和相关研究，进行总结和阐述，配合关键性的图解、直观的说明，力求语言表达准确，通俗易懂，条理清晰，希望这种简单直观的形式能为初学者或实践者提供一些帮助。

由于笔者写作表达水平有限，缺漏及讹误，敬请方家批评斧正。

第一章

传拓技艺发展概述

第一节　传拓技艺的产生

　　传拓可以纪实，陈诉历史，中华优秀传统文化源远流长，大量的文化遗产都是通过拓片这一特定的载体流传下来的。传拓是指在刻铸有文字、纹饰的器物上通过纸张的贴合，用拓包蘸墨均匀捶打后，使器物文字、纹饰黑白凹凸分明的一种行之有效的复制方法。传拓所得的拓本具有特殊的效果，能够客观地把所拓器物原貌特征完全表现出来，深浅、粗细、大小、薄厚，使人一目了然，清晰可辨，还原器物最本身的真实性。传拓技艺看似简单，但是它的产生与发展却不是孤立的，而是由多种历史因素导致的必然结果。石刻的出现、纸墨的发明与工艺的不断进步、金石学的不断发展等，都推动了传拓技艺的广泛使用，这门技艺在长久相传中通过不断地积累和完善，凭借着强大的生命力发展延续至今，有着其他技术无可替代的地位。

　　在文字出现以前，人们通过结绳记事的方式记录一些简单的信息。文字产生以后，人们开始在兽骨上刻写文字符号，这是拓片产生的萌芽状态（图1.1、1.2）。之后，人们运用竹简和缣帛为原材料进行文字刻画书写，随着纸的出现，人们有了新的记录材料，便一直沿用至今。这些都是先辈留给我们最珍贵的财富，大量作品也通过拓片的形式保留下来了。前人选取甲骨、石刻、青铜等当作记录的媒介，主要是因为这些材料坚固耐损，能够保留长久，是当时刻录随记的最佳载体。但是这些原料具有体形过大或本身较重不易运输的弊端，存在传阅和对外扩散的不便。为了能彻底解决这个问题，传拓这种古代"复印"方法也就应运而生了。前人还察觉到用深色的颜料在纸上进行捶拓，揭起来的信息内容看上去对比强烈、清晰可辨，无法获取的细节信息都能呈现出来。制作拓片使用的材料方便携带，简单易得，有墨、宣纸、刷子、拓包等。在制拓过程中，相较于双钩临摹那种耗力的方法，拓片更节省时间，并可以在原物上反复拓摹，这种便捷易做的方法，改变了传阅方式，扩大了应用需求，逐渐被人们接受并推崇。拓片的载体宣纸有"纸寿千年"的美称，运用宣纸质地绵韧，润墨性强的

图 1.1　祭巳姁卜甲刻辞　　　　　图 1.2　祭巳姁卜甲刻辞拓片

特性来制作拓片特别适宜，墨色匀净，字口清晰，不易破裂，拓制好的佳作可折叠展卷，随身携带如不负物。制作拓片实际操作简便，易学易通，在操作过程中会给制拓者愉悦的成就感和满足感。这些诸多的优点使拓片文化的发展如日方升。

　　传拓发明之初，基本是应用于碑碣刻石。东汉时期石刻的大量出现，特别是《熹平石经》（图1.3）作为我国历史上最早的儒家经典石刻本，为当时人们校对版本、规范文字提供了准确的范本。《后汉书·蔡邕传》载："及碑始立，其观视及摹写者，车乘日千余两（辆），填塞街陌。"[1]可见石碑刚刚立起，前来观瞻和临摹的人，所乘坐的车子有一千多辆，塞满了大街小巷，使找寻高效且便携能够复制碑刻内容成为当时人们强烈的夙愿。从某种意义上讲《熹平石经》无论在内容还是形式上都对传拓技艺的启发产生了间接的影响。同时这一时期蔡伦改进造纸技术，纸张品质提高，成本下降，纸张书写更便于携带和传阅，这让用纸传拓得到机会。墨的创造和普遍采用也是传拓形成的根本前提之一。石刻的大量出现、纸墨的得心应手、复制文献和书法作品的强烈愿望、印章和封印的使用等，都为传拓技艺的产生奠定了基础。

　　传拓产生的大概时间，绝大多数研究者是依照《隋书·经籍志》推测而出。文中记述："后汉镌刻七经，著于石碑，皆蔡邕所书。魏正始中，又立三字石经，相承以为七经正字。后魏之末，齐神武执政，自洛阳徙于邺都，行至河阳，值岸崩，遂没于水。其得至邺者，不盈太半。至隋

1　〔宋〕范晔撰《后汉书》，北京：中华书局，2007年，第575页。

图 1.3 《熹平石经》残石（国家博物馆藏）

开皇六年，又自邺京载入长安，置于秘书内省，议欲补缉，立于国学。寻属隋乱，事遂寝废，营造之司，因用为柱础。贞观初，秘书监臣魏徵，始收聚之，十不存一。其相承传拓之本，犹在秘府。并秦帝刻石，附于此篇，以备小学。"[2] 这一段文字描述了传拓在隋之前就已存在了，而且是在汉朝以后。此外该书还记载，在隋代内府中曾藏有秦始皇《会稽石刻》

2　〔唐〕魏徵《隋书·志第二十七卷三十二》，北京：中华书局，2000 年，第 640 页。

一卷、东汉《熹平石经》残文三十四卷，这些都是传拓之本。目前世界
上最早的拓片实物，是唐太宗李世民书《温泉铭》拓本（图1.4），其拓
本色泽温润、浓墨厚积、字字清朗。同时发现的拓本还有唐代著名的书
法家欧阳询的《化度寺邕禅师塔铭》、柳公权的《金刚经》等。唐代的
传拓技术在当时可见一斑。唐代诗人韦应物在其所作《石鼓歌》写道"今
人濡纸脱其文，既击既扫白黑分"[3]。"濡纸"就是拓碑前先用水浸湿纸张，
"既击既扫"即捶拓时的动作，形象生动地描述了用纸墨拓碑刻的过程
和技法。另一位诗人王建在《原上新居十三首》中咏到"古碣凭人拓，
闲诗任客吟"[4]，也反映出唐人拓碑已相当普遍和寻常。从当时传拓技术
和用纸、用墨等方面来看，"擦拓"法的技术达到了极高的水平和境界，
可见唐初时期传拓技艺已经广泛普及且比较成熟。传统工艺从发明到成
熟，都需要相当一段时间的积累和发展，因此追溯传拓工艺的发明时间
在南北朝时期，也是比较贴近史实的。

图1.4　唐李世民书《温泉铭》拓本

宋代拓法承继唐代。北宋的金石学为传拓工艺的传承带来了巨大的生

3　谢永芳编著《韦应物诗全集》，武汉：崇文书局，2019年，第509页。
4　尹占华校注《王建诗集校注》，成都：巴蜀书社，2006年，第206页。

存空间，拓片既能承载历史文献信息，同时又能保存书法艺术，具有多重功效，一直作为传统金石学的物质载体，而备受重视。北宋初期常用擦拓，后官私刻帖兴起，传拓技术的运用也就日益广泛，在唐代"擦拓"的基础上，又发明了"扑拓"手法，自此拓碑帖有了擦拓、扑拓这两种拓法。传拓对象也进一步应用于青铜器上，王国维的《宋代之金石学》："拓墨之法，始于六朝。始用之以拓汉魏石经，继以拓秦刻石。至于唐代，此法大行。宋初遂用之以拓古器文字。"[5] 可知传拓目的是取其铭刻文字。同时这一时期

所使用的纸墨，在品质、工艺、数量等方面的不断提升，更加促进了传拓技术的发展。宋代传拓在用纸上拓碑多用麻纸，拓帖多用棉麻二纸，也用葛麻纸。用墨色上已有"乌金"与"蝉翼"之分，"毡蜡拓"（图 1.5）也较为盛行。北宋金石收藏风气渐盛，传拓技艺除主要用于碑碣刻石，已开始应用于青铜器。而宋代由于拓本的广为流传，产生了大批的书学人和书法家，将拓片作为原始文献史料和书法艺术品来加以研究、收藏和玩赏。

图 1.5　宋欧阳通书《道因法师碑》
拓本局部毡蜡拓

5　谢维扬、房鑫亮主编，骆丹、卢锡铭、胡逢祥、李解民副主编《王国维全集》（第 14 卷），
　　杭州：浙江教育出版社，2010 年，第 315 页。

　　明朝在宋朝传拓技法的根基上也发生了一些变化，如拓碑常用擦拓，纸张坚厚，拓墨较重。后经过造纸技术改进和普及，传拓用纸也有所改良，拓帖用纸较薄，用墨有浓重有清淡。明代还发明了彩拓法和套拓。彩拓是用分色的方法将中国传统特有色彩代替墨拓，常用朱砂混合，有思古斋《黄庭经》《兰亭序》等流传于世，这是目前所知彩拓的开端。明拓本《兰亭修禊图》（图 1.6），绘刻了当时游会之盛况。图前有王羲之《禊帖》历代摹本，图后有唐宋诸家关于《禊帖》的题跋考证，呈长卷式。原图传为宋李公麟作，明朝摹刻。拓本摹刻精美，线条流畅，施以赭墨二色套拓，拓工精良，风景、阁楼、人物神色毕现，深浅有变，层次错落有致，极大地丰富了拓片的表现手法。明朝传拓的汉魏六朝名碑与墓志，保留下非常珍贵的资料，现在很多碑帖的复刻本，也都是以明拓本为祖本，后人更是以明拓为贵，为历代精拓典范。

　　清朝金石学达到了强盛时期，在佳纸良墨的辅助下传拓技艺水准也得到更大的进步，精绝佳作层出不穷。清朝金石研究相比前朝更为系

图 1.6　明《兰亭修禊图》拓本局部套拓

统深入，这凭借于当时大量的古物遗存、君王的喜好、传拓技艺水平的
进步、金石珍藏热的兴起等原因，共同推进了金石考据的发展。清人对
拓片艺术的重视与青睐更胜其他，如钱币、玉石、竹刻、青铜器甚至荒
野碑石等，都要以拓片的形式拓之留存研究。乾隆时碑拓特别考究所用
纸墨的品相，用前朝旧墨，拓法又极讲究，故乾隆拓本最为精美。清嘉
庆、道光时期，出现了青铜器全形拓技法（图 1.7），作为一种新的拓片
制作和处理方式，改变了金石学著录传统，古器物形象的记录也不再只
依赖于线描版刻，以新的形式呈现并传播，同时碑帖考据之风也随之兴
起。清末金石大家陈介祺一生致力于金石文字的考证及器物辨伪，撰《簠
斋传古别录》第一次对传拓进行系统论述。对当时所见重要的青铜器大
多进行了释读和考证。精鉴之余，尤擅椎拓技艺，其手拓及监拓的金石
文字拓片纤毫毕现、精美绝伦，至今依然为毡蜡范本。同期碑帖装裱也
成了装潢业的一项重要内容。清人叶昌炽，嗜好金石和书籍，收藏历代
碑刻拓本达八千余件，所写《语石》更是中国第一部通论古代石刻文

图 1.7　清释达受《西汉定陶鼎》全形拓

字的专著，著述中第十卷详细记载了对拓本、装潢、收藏之要法。目前有价值的拓片资料中，清时期的就占据了 80% 之多，为研究金石考据提供了非常丰富科学的参考资料。

民国时期，碑学大盛，从业人员大大增加。崇尚喜好金石学的文人士大夫和收藏家亲自动手传拓，对传拓技法和拓片的优劣进行不断地探索和理论阐述，尝试各种古代器物的拓片制作，青铜器铭文、器形拓片别开生面，名家篆刻的石质印章也成为一个新颖的传拓门类（图 1.8）。其次，传拓者在作品上钤盖印章成为一时之尚，以独特的审美视觉，增添了文人学者新的创作艺术雅趣，引领了传拓技艺的发展延续。青铜器全形拓技在这一时期日臻完善，至于极盛，为时人所艳羡。同时，传拓匠人中优秀者参

图 1.8　王福庵《麋研斋印稿》（民国钤印拓印本）

照金石学家的审美视觉与传拓理论，将之应用于金石拓片的实践中，进一步提升了制拓工艺和拓片质量，成为业内名家。在这一时期"名家传拓"与"传拓名家"二者的积极交流，对拓片的研究涉及文献整理、文字释读、书法艺术等诸多方面，共同推动了传拓技艺的普及与完善，使得这一时期的传拓水平达到了空前的高度。

第二节　拓片的价值

在四大文明古国中，仅有华夏文明传承至今，剩下的古文明都因各类缘由存在间断。华夏文明的延续是借助古人形式多样的记录方式来传承的。拓片这种传统古代"复印"技术，内容真实，科学且规范的记录方式，蕴含着独有的中华文化特色，反映了某一时期民族性与地域性的特点，基本上涵盖了社会历史的方方面面，其在表现手段、艺术语言、审美意蕴等方面体现了诸多艺术价值，更成为考古研究不可或缺的重要依据和直观信息来源。

一、史料价值

拓片是研究历史原始资料的重要信息之一。拓片以 1∶1 的比例，复制原物的真实面貌，又因比原物更加容易携带和保存，在无法触及原物或原物遗失的情况下，可以发挥替代原物的作用，供人们欣赏研究。通过研究历朝历代留存的珍贵拓片，历史学家能够准确了解到当时社会生活的政治体制、经济发展、民俗文化、宗教信仰等诸多信息，更加客观、真实地了解历史，为考古学提供了多个领域的原始资料，具有极高的学术价值。如考古出土个别器物的形制、纹饰、铭文都要附以拓片，才更加系统科学，甲骨文刻辞以及在器物之内的铭文，仅靠照相和仪器是不够的，非传拓不可。其次，就拓片的载体材质而言，不同时代的纸墨特征是鉴定拓片年代的重要依据，都反映了当时纸墨的发明与演变，体现了当时科学技术的发展水平。

拓片文献不仅能够对传世文献资料填补缺略，还能够订正谬误。首先，拓片文献资料中记载着丰富的传记史料，它与国家史书、方志等互为凭证，记载还原了真实历史事件，甚至可以将历史典籍中已消亡的历史得以恢复。其次，拓片能发挥补充和辨证真伪的作用。历代史书文献由于政治原因存在对当时事件记录不完善或人物记载出现偏差的情况，造成今人研究的不便，有些拓片的出现更是成为唯一的历史见证，对记录的历史事件、个人传记、祭祀活动等提供恰当合理的增补和印证。

二、艺术与文化价值

拓片本身就是一件融合的艺术佳作，复制了原物的风貌与韵味，结合了拓制者的艺术涵养，以其丰富的内涵、生动的形象和娴熟的技艺成为古代艺术的精彩组成部分，共同彰显出历史文化的厚重感，透出独有的形式美感，它所表现出的精神风貌是其他艺术品不可替代的。拓片的文字、图案、纹饰等不仅能成为断定年代的佐证，体现了各个时代的生产力发展水平，也间接反映了当时社会科技发展程度，印证了科学技术在传拓制作上的表现形式与演变，对科学史和经济史研究也具有极大的参考价值。

（一）文字价值：拓片上的文字是研究经史的主要材料，它们为重构古代史实提供了第一手证据。历代碑文石刻，有古文、篆、隶、楷各种字体，这是研究汉字发展演变最直观的重要资料。至于书法，临摹古代碑刻拓本，更是习用的范本，被历代文人墨客视为珍宝。从《石鼓文》（图 1.9）到汉隶、魏碑，再到楷书、行书、草书，可以说是各体都有。

同时拓片记录了历代众多书法大家的优美艺术品，尤其是早期的拓本更似原作，许多书法家也是借助书法拓片来吸取古人的书写特点和风格。而有些拓片也已成为名家墨宝的唯一记录。历史上又有许多集刻法帖，容庚《丛帖目》有系统著录，大多是为书法临摹而用。文字从产生到发展有一个漫长的过程，无论是最早的石鼓文，还是后世碑刻的历代多种字体，拓片资料对探究书法源流及时代风格演变具有重要意义，也是研究文字发展脉络与书法演变史珍贵的实物标本，并为文字考证提供了重要的来源和

图 1.9　周宣王石鼓文拓片

途径，使得中国书法艺术更加意味深长，独具韵味。

（二）图案价值：拓片的图案价值具体有叙事图样和造型图样两类。叙事图样描述了祭奠、狩猎、战役、采桑等各种日常生产生活情景，多出现在画像砖和墓室壁画中。造型图样有绿植、各种动物、几何图形、创造图样等（图 1.10），这些图样普遍使用在工具、建筑物、器物等上面，既提高了生活情趣，又赋予了它们更多的艺术文化气息。对现代人研究当时社会生活和精神信仰提供了至关重要的信息，为考古发掘、文物鉴定、史料研究等方面的工作提供材料，也为文物古迹的保护和修复、复制和重建提供最真实的依据。

图 1.10　汉画像砖拓片

三、收藏价值

从宋代开始，拓片的文物价值体现在金石领域中，清朝之后因为金石考据学的盛行，拓片的价值不断攀升，形成了一种珍视收藏拓片的风气。拓片也是文物研究中重要的信息资料，它反映了丰富的历史文化，是保存文献、考证史传、增补遗迹的重要资料。究其原因，主要是拓片为一种真实且有效的记录方式，具有完美再现原物图文的特征。对于老拓本或原拓本来说，其收藏价值非常明显。很多古代碑帖刻石雕刻手法与风格有极高的代表性，但因受到战争、自然灾害等破坏，至今已残损或面目全非。稀有的原拓，就成为再现原物的唯一实物和宝贵的历史文物，更是绝世珍本。近些年国家对拓印的管理日趋规范，国家文物局也出台了一系列措施，列出文物等级，不允许随意捶拓，使器物和石刻得到了更好的保护，这也使得一些珍贵的拓片存世量逐渐变少，弥足珍稀。但时至今日，这门历史悠久的古老传统技艺在新时代文物工作中，仍然发挥着研究保护和传播交流的重要作用。

传拓是对原物的再现，但在漫长的历史发展过程中，它却带上了浓郁的人文色彩，其价值与我国古董文玩等量齐观。即使现如今摄影、3D等技术已十分成熟，但传拓技艺仍有它无可取代的魅力。一张拓片经名家珍藏、题诗、考记等，画面上有款有识有印，使整个画面内容多实质、多结构，其价值和实际意义甚至超过原拓本身（图 1.11）。虽然是一纸拓片，但就在这张纸上，它不单单显示出我国文人雅士所特有的文化情趣和深厚的文化底蕴，达到了拓片艺术和书画艺术的有机统一，也积淀了深厚的中华传统文化。

图1.11　东汉君车画像拓片

第三节　拓片文化的传承与保护

一、拓片文化的传承

拓片文化作为中华文化知识与文字的印记之一，记录的内容及它自身承载的信息都极具活力，反映出不同时期人类社会发展的生活风貌、文化艺术和时代背景特征，促进人类文明不断进步，代代相传延续，而不至于中断。伴随着传拓技艺的产生、拓片文化的兴起，拓片的装裱技艺也随之发展起来。拓片的装裱形式多样，有镶衬、镜片、卷轴、册页以及装订成册等。经过装裱后的拓片不仅提升了艺术效果和观赏趣味，更有利于收藏和保护。在普通人看来，传拓技艺神奇而无法触及，但如今我们可以通过博物馆、图书馆、培训班等形式，经过专家讲解拓片工具的制作、程序步骤、细节要点，观摩拓片修复装裱过程，了解拓本收藏保存情况，听取拓片专题知识讲座等主题活动来增加对传统拓片文化的认识。学员现场操作制作拓片，在此过程中解决实际问题，掌握拓片技艺的关键点，让大众近距离接触传统拓片文化。

二、拓片文化的保护

拓片承载的重要信息是不可再生资源，拓片文化的继承与保护理当得到相关部门和当今社会的高度重视，博物馆人员与文化艺术从业者理当肩负起维护和宣传的职责与任务。传统技术的保护主要是对本体的保护，涉及材料、清理、加固等。当下伴随互联网信息技术的发展和网络的普及，许多博物馆利用数字处理技术的优势，改善和增强拓片的利用传播，将拓片通过输出设备在互联网上展现原貌，实行动态监管、资源共享，更便于外出进行展览、专题等活动，而且在网络环境中，让拓片展示变得更加便利和充分，实现拓片资源最大程度的研究、开发和利用，同时在展示和宣传中使民众产生对拓片文物保护的意识，达到保护文物的效果。可以说数字拓片是拓片文化的延续和发展，也是保护文物的一种新路径。

第四节　传拓技艺的创新

一、材料创新

随着当代科技与思维的发展创新，传拓也不再拘泥于传统，在新时代焕发出新的生机与活力。以往，在进行传拓时，材料、颜色相对单一。随着社会的不断发展，彩笔、蜡墨、油彩等多种颜料纷纷面世。黏合剂白芨水也可用天然植物树脂胶、桃胶液等代替。对于不同材质表面的传拓，纸张的选择也种类繁多。这些现代的传拓材料也赋予了拓片新的形式和意义。但现在所用的新材料也存在一定弊端。例如部分颜料味道较大，气味刺鼻，风干较快，对操作时间有严格要求，传拓后不利于张纸的保存。因此，即使在当前科技如此发达的情况下，还是要在传拓材料方面进行创新实践、分析研究，为传拓技艺的传承发展贡献力量。

二、概念创新

传拓技艺在历史中所占的地位与印刷术相近，都推动着我国文明一路向前发展，但是，相对于印刷术而言，传拓文化的发展较为缓慢，甚至逐渐淡出公众的视线。传统的拓片被用来记录和复制历史，现在，我们不仅可以使用传拓技艺恢复原始器物的原貌，而且还为创作新的艺术形式提供了文化内涵的基础，通过有机结合，寻求实用性到艺术性的转变，借助不同的表现形式、材质、元素，营造不同的艺术美感，将其衍生为艺术品，融入文化产业中，使新的艺术形式与当代社会和文化精神相融合，为我们的生活增添新的活力，彰显出民族的文化自信。

通常人们将拓片与石碑、石像等厚重物体相结合，认为拓片文化单一、沉重，这不仅局限了拓片文化的定义，还埋没了拓片文化的创新。因此，在社会的不断发展中，我们要创新传拓文化的表现手法，让传拓不再拘泥于石刻、器物等，而向更多文化方向发展。在传拓具有丰富内涵的基础上，进行再度创作，保留原有的文字图案内容和审美特征，同时可以与跨越时代空间的审美建立联系，从最初的运用逐渐拓展到艺术创作的应用上，形成新的艺术样式。早在明清时期，就有画家将传拓艺术与山水画相结合。如今，更多传统元素融入生活中，服装中使用青花瓷、中国画、书法和其他传统图案，传统与时尚相结合，并且出现了更多的艺术形式和扩展空间。就传拓技艺而言，我们可以更紧密地将它与文化用品、生活用品、建筑设计等结合起来，打造出契合时代特征的多元新形式，为消费者创造平价新颖的艺术品和愉悦的视觉享受。

传拓技艺见证了中国的历史和文化。它既是记录文字的一种物质材料，同时又是记录人类思想演变的重要资料，是当时社会稳定环境下的继承与延续，并且有了新的突破，在继承传拓文化的基础上，我们更要将拓片所蕴含的文化内涵和民族精神传承下去，并让它的生命力得以勃发、延伸，为当今社会发展所用。

第二章

传拓的工具与材料

　　拓制一张拓片，从开始到结束，有着一整套的严密程序和步骤，并有特制的工具，要根据传拓对象的不同进行制作。在选用材料的时候，也应熟知材料的性能。传拓前所选用的工具和材料质量的优劣直接关系到拓片作品的品质，只有工具趁手、材料考究，才能确保拓片反映文物信息的客观性和持久性。传拓因南北地域环境的差异和个人喜好而有不同，因此使用的工具和材料方面有着各自的特点。下面以我个人使用的工具作为示例。

第一节　传拓工具

一、扑子

　　扑子又称拓包，是扑拓和上墨的主要工具（图 2.1）。扑子的大小要根据所要传拓的器物大小和精细程度按需要而定。拓制小件玉器、甲骨、竹刻、青铜器等选用小扑子，若拓制刻石、墓志、画像砖等大器物，就要用大扑子，也可大小扑子兼用。一名合格的拓工必须熟练掌握扑子的制作方法，平日可多扎出不同大小的扑子，以备拓时应用。由于地域文化的影响，扑子的制作方法和材料也有着明显差异，以个人感觉易于发挥为好。

　　扑子的制作材料有：绸子、棉布、塑料布、棉花、棉绳（图 2.2）。棉花起着弹性作用，选用医用棉花即可，紧实适中，有棉结要去除中间颗粒杂质，切勿使用脱脂棉，吸水性强，弹性较差。棉布用于储墨，出墨快而久，宜选用匀净布料，无棉结为好，质地可粗可细。塑料布用于隔水，避免棉布吸墨不均和棉花吸墨。绸子出墨精细，拓制小而精的器物更显精致美观，一定要选真丝绸，经纬细密，颜色随意。棉绳用于捆扎扑柄，普通多股白色棉绳即可。

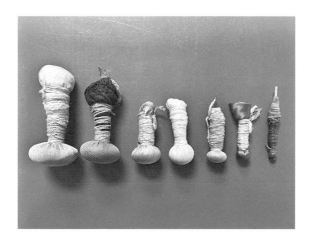

图 2.1 扑子

图 2.2 扑子的制作材料

扑子的制作方法是取一团大小适中的棉花，层层叠加起来压实成为一体如小馒头形状。用塑料布包实棉团，排出包内气体，上部用棉线捆扎。取棉布将塑料布和棉团包裹在中间，棉布可用一层至两层，最外层再用绸子包裹，然后拉紧棉布和绸子的四角八方集成一体，保证棉布和绸子的底部平滑无褶皱后，左手攥紧根部，右手用棉线用力捆绕扎紧打结，形成柄状（图 2.3~2.6）。扎好后的扑子形状如蒜头，可握住柄端在桌面上捶拓几下，自感到扑子不松不紧、饱满挺实、富有弹性、底部平

图 2.3　压实棉花

图 2.4　塑料布包实棉团

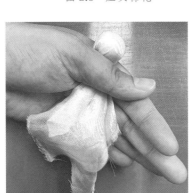

图 2.5　拉紧棉布和绸子

图 2.6　捆绕扎紧打结

整为佳。

扑子在使用完后，须将墨尽量拍出干净，切勿储存于内，否则干后扑子表面墨迹板结。要做到用后及时将表面残留墨色擦去或清洗，装入密封袋内保存。下次使用前，用喷壶喷洒清水，使表面柔软湿润。如外层绸布有破损也要及时更换或重新制作。

二、砚

拓制小而精细的器物，需用砚来磨墨，也可直接在平滑的砚面上捶拓上墨（图 2.7）。砚石要求石质细腻光润，砚面要平，没有装饰性雕刻，大小要适中，发墨良好，以顺手使用为标准。研墨时手持墨锭，如果是新墨，墨锭四角比较硬朗，可先磨去尖角比较合适。磨墨人的

图 2.7 砚

姿势要端正，将墨锭放在砚堂上，保持墨锭的垂直平正，重按轻推，朝一个方向垂直画圈研磨，不能随意乱磨。墨浓之后可加清水继续磨，研磨时一定要用干净的凉水磨墨，不可用茶水或热水，每次放水要少，随磨随用，宁少勿多。力度要适中，轻推慢研出墨才会细润有光泽，切不可来回用力摩擦，否则易伤墨又伤砚，极易擦出墨渣，如有不慎就会捶拓到拓纸上，是传拓中最忌讳的。墨研好后，墨锭不可留在砚堂上，墨有胶质，会和砚粘在一起，干后残留墨渣不易去除，如果发生粘连可用温水慢慢泡洗，使墨锭与砚分离。砚不用时要保持砚台的洁净，及时洗去滞墨，将砚台放入清水中通体浸泡一会，洗后自然晾干。

三、墨板

墨板是上墨用的工具，用毛笔将墨汁涂在板上，使扑子能在上面均匀捶拓受力，辅助上墨之用。墨板要选用硬度适中、质地光滑且不易吸水的材料，可以减少墨的损耗量，使扑子吸墨更加均匀，捶拓受力不易损坏，可用废弃的乒乓球拍或私人定制（图2.8）。墨板多用于拓制较大的碑刻时使用。

四、棕刷

棕刷是传拓上纸的主要工具之一，用它刷平拓纸和拓制后清扫拓片

图 2.8　墨板

上残留杂质，系用棕榈丝编制故而得名（图 2.9）。棕刷的形状因拓制器物对象的不同，在选择大小上也有所区别，拓制大型摩崖石刻需用大且厚的棕刷，拓制小器物如青铜器、玉、甲骨等则选用小而薄的棕刷。好的棕刷选用细而均匀的边棕扎制，与一般棕相比，边棕质地更柔软、挺实、耐用。在选购棕刷时以棕丝不乱、软硬适中、具有弹性、捆扎结实为佳。

新棕刷在使用前需要进行一定的加工处理。先将棕刷梳理整齐，随即放入锅中，以碱水煮沸 1 ~ 2 小时。因棕丝中含有少量的紫色棕榈粉，经过煮沸，棕榈粉会随水流出，去掉浮色后，再放入清水中浸泡洗净。然后以粗砂纸反复打磨，再以细砂纸打磨，使两侧斜面锋口平整、光滑、柔软。最后晾晒干透，方可使用。

图 2.9　大小棕刷

五、打刷

打刷又叫砸刷，也是上纸的工具之一。用途是上纸后，通过敲击附在器物上的拓纸，使其纸与器物表面更加贴合，凸显字口与纹理，使字口及细节表现得更加清晰，纸干后也不易出现空壳或绷起，便于施墨。打刷大小形制不一，可自制，根据个人喜好和方便使用为佳。宜选用猪鬃毛，也可用马尾毛、人发，毛发硬度需弹力适中不易刺破纸张。制作后要求紧密平整、富有弹性，整齐而无乱毛（图 2.10）。

六、毛笔 排笔 板刷

毛笔、排笔、板刷用途都是将纸张均匀地贴附于器物表面，也可为纸张湿水，可按器物的具体形状和不同情况选择使用（图 2.11）。毛笔宜用羊毫，大中小号可多配备一些，依据不同情况选择使用。排笔由若

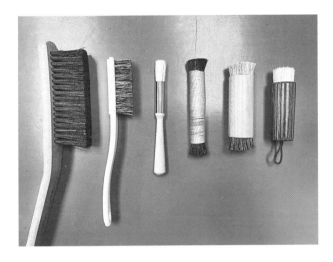

图 2.10　不同形制的打刷

图 2.11　排笔 板刷 毛笔

干支竹管羊毛笔并排连结而成，有 4 ～ 24 支宽。排笔和板刷应选用优质羊毛制成，以毛长、弹性好、柔软、洁白、不掉毛、大小相等、长短整齐、连结牢固、笔根与笔管粘接紧密为佳。排笔和板刷用完后，应立即洗净甩掉水分，理顺笔毛，悬挂晾干。

七、针锥

针锥主要用于扎眼，挑纸角，也用于挑除笔毛棕刷等杂物。针锥可以根据需要选购，也可以自行制作，制作方法多样。有的是用一段原木做柄，将大号缝衣针的尾端插入圆木内，也有的用纸卷包缝衣针，使达到适合粗细，最后包裹一层锦料即可（图 2.12）。

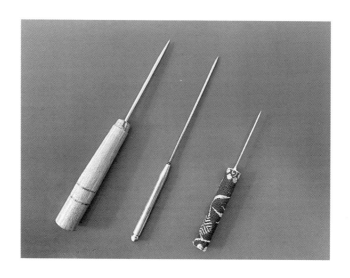

图 2.12　针锥

八、镊子 止血钳

拓制后遇到拓片难揭取时可用镊子作为辅助工具，也用于夹除笔毛或纸张表面杂物等。现多使用不锈钢镊子，可根据操作和使用习惯准备尖头、圆头、弯头等不同形状。止血钳在拓制较为复杂的器物时使用，如器物腹内底部有铭文，可用止血钳夹住拓包伸入腹内探拓（图2.13）。

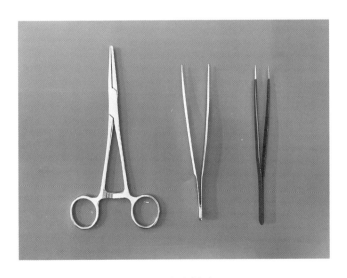

图 2.13 止血钳 镊子

九、裁刀

裁刀是裁纸的工具。常用马蹄刀、美工刀，无论选用何种裁刀，以刀口锋利、刀头尖锐、刀面平直、硬度适中为佳（图2.14）。

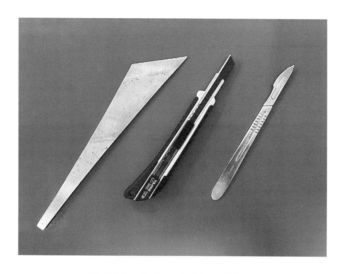

图 2.14 马蹄刀 壁纸刀 手术刀

十、沙袋 黏土胶

传拓时会遇到各种不同的造型器物，拓制前不论形状如何首先都要平稳加固器物。加固器物可用沙袋。将沙粒漂洗干净后放置粗布内缝合，呈长条或正方形状，拓制前放置器物下面。如拓小型器物戈、钱币、玉，可用黏土胶，黏力较强能反复抻拉，去除不留痕迹（图2.15）。

十一、直尺 卡尺

直尺、卡尺是制作全形拓测量器物具体尺寸的必要工具（图2.16）。

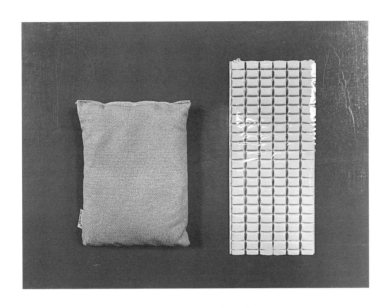

图 2.15　沙袋　黏土胶

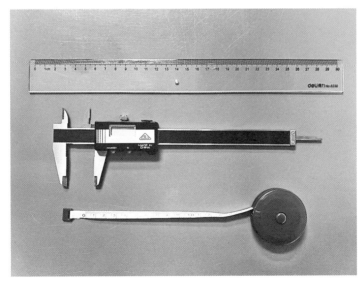

图 2.16　直尺　卡尺　卷尺

十二、喷壶

用于湿纸和湿润拓包使用。喷壶的基本要求是出水均匀、不滴水。拓制小型器物时宜选用水雾细小者，拓制大型器物时则可适当选用出水量大的喷壶（图 2.17）。

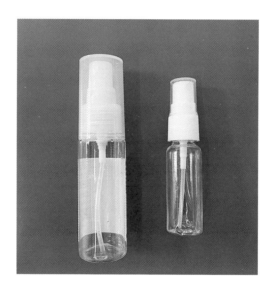

图 2.17　喷壶

十三、毛巾

毛巾用于浸纸，宜选用纯棉白色毛巾，吸水性好，且不易污染拓纸。用超细纤维除尘布效果更佳（图 2.18）。

图 2.18　超细纤维除尘布

十四、小手电

小手电用于较高器物拓制腹内铭文时照明使用（图 2.19）。

图 2.19　小手电

十五、其他工具

另外可备有盆、剪刀、铅笔、调墨盘等（图2.20）。其他工具按具
体情况配备。

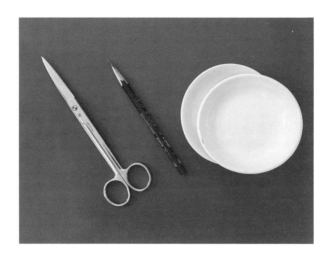

图 2.20　剪刀　铅笔　调墨盘

第二节　传拓材料

一、纸

传拓用纸，主要选用生宣纸。安徽泾县生产的宣纸工艺考究、质量
上乘，是传拓的绝佳载体和首选材料。宣纸以青檀树皮和沙田稻草为原

料，经过石灰发酵、日光漂白、打浆、抄造等多道工序制成，洁白细腻、纯净平滑、质地绵韧、纹理美观、润墨性强，享有"纸寿千年"之美誉。

宣纸的品种、规格繁多。根据不同尺寸，有三尺、四尺、五尺、六尺、八尺以及丈二、丈六等规格。按原料配比不同，可分为特净、净皮、棉料等。以薄厚可分为单宣、重单宣、夹宣等。并有龟纹、罗纹等特殊纹理纸。另外，将生宣加工处理后，又形成色宣、虎皮宣、洒金宣等各种各样的加工宣纸。制拓时所用纸张的材质不同，拓片所呈现的面貌也不同，因此古代的拓片在用纸上也极为考究，要根据被拓物的情况，选择适合的纸张。较大的石碑、瓦当宜用生宣纸，较小的甲骨、玉器等则用薄纸。

传拓中常用的纸张主要有以下几种（图 2.21）：

棉连纸：汪六吉牌的棉连纸是宣纸中较薄的一种，纸质绵薄、纤维细密、性柔易舒，为传拓纸中的上品，是拓甲骨、玉及纤细纹饰的最佳选择。

单宣：较棉连纸略厚，绵韧洁白，薄厚均匀。适合拓制碑石、墓志、瓦当等。

夹宣：是一种加厚宣纸，经二次或三次抄造而成。多用于高浮雕拓。

皮纸：以桑皮、构皮、三桠皮等树皮纤维为原料制成，质地坚韧，拉力较强。适合拓制表面粗糙复杂的画像石、摩崖等。

高丽纸：以树皮等原料制成，原产于朝鲜，故名。帘纹清晰，质地厚重，拉力强，耐摩擦。主要用于吸水撤潮。

素描纸：纸表面颗粒粗，纸质松，易上铅，做全形拓时绘制白描线图使用。

硫酸纸：纸质纯净、强度高、透明好、不变形。做全形拓时遮挡剪纸中使用。

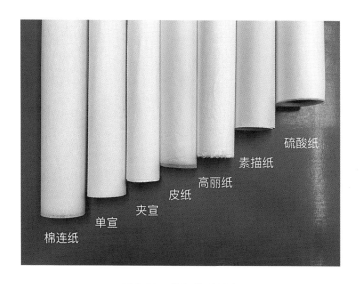

图 2.21　传拓常用纸张

纸张的存放要有固定的地点，需注意防潮防湿，防虫蛀霉变。纸张外层用无酸纸包裹，但两端不要包严，目的是让纸张自然透气。每隔半年选择晴朗的天气打开晾晒一下，但不宜长时间暴露，否则会出现"风矾"现象（即渗水性差且变脆），既影响使用又加速纸张老化。

二、墨

我国用墨历史久远，已有两千多年的历史文化，墨的传统制作工艺发展经历了三个重要时期，汉代时期传统制墨工艺体系初成；宋代形制

并重，松烟共用；明代重形胜于重质，追求墨品形制外观的美化，进入
鼎盛时期。拓片的色彩以墨为大宗，传拓技法中用墨以松烟墨、油烟
墨、墨汁为主（图 2.22）。松烟墨和油烟墨一直是传拓中最为考究的两
种墨品。

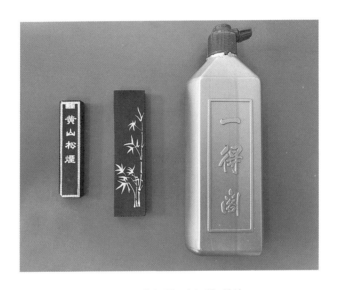

图 2.22　松烟墨 油烟墨 墨汁

松烟墨是我国传统制墨史上出现较早也最为重要的一种墨品，用松
木不完全燃烧后取得的烟炱做原料，再加以其他成分制成一定形制的墨
锭。油烟墨则是在松烟墨的工艺发展基础上产生的，用油料不完全燃烧
后取得的烟炱作为主要原料。油料的品种多样，可用植物油、动物油、
矿物油，再加以其他原料制成一定形制的墨锭。以两种墨品的墨色种类
而言，一般包括黑色、紫黑色、黑褐色、蓝黑色等，其中紫黑色被认为
墨色最佳。《墨经》中载："紫光为上、黑光次之，青光又次之，白光最

下。凡光与色不可废一，以久而不渝者为贵。"[1]影响墨色的因素包括黑烟
的种类、烟颗粒的大小、用胶量及墨的新旧等，松烟一般呈蓝墨色，而
油烟呈黑褐色，墨料存放时间愈久，墨色会逐渐呈现紫黑色，故传拓用
墨使用老墨效果更佳。两种墨的使用应根据拓制器物的不同而选用，其
自身的质量也各有特色。松烟墨墨浓无光，质细易磨，追求的是烟的颗
粒之细，更适用于呈现墨色通透淡雅。油烟墨则坚而有光，性柔黝润，
讲究的是色彩之黑，更适用于呈现墨色光彩如漆。也有人认为油烟墨在
使用过程中比松烟墨感觉更为细腻，油烟墨在耐水方面的指标也高于松
烟墨，浸水不易走墨，墨色持久，用油烟墨拓制后的拓片迎光看去纯黑
而有浮光。所以从颗粒度大小、耐水性、光泽度方面来看，油烟墨优于
松烟墨。

　　墨汁在清同治、光绪年间较为流行。现在墨汁生产进步，主要原
料为炭烟、胶料、添加剂和溶液等，一般经机械加工而成，市场上多有
销售，取用方便。墨汁也有好坏之分，低档墨汁化学试剂较多易使拓片
变硬发脆，所以要购买质地优良的墨汁。但是墨汁胶性较大，在使用前
应稍加水稀释，制拓过程中也要对扑子长喷细水，使之湿润，保证出墨
流畅，否则扑子过干易被墨堵塞，因此使用墨汁一定要得法。拓制珍贵
或精细的器物，可用松烟或油烟墨锭磨墨捶拓，拓制较大碑刻等可用墨
汁，根据需要灵活掌握。

1　〔宋〕晁说之.墨经.中华百科经典全书 22[M].青海：青海人民出版社，1999.第 6546 页.

三、白芨

　　白芨为传拓中的黏合剂，目的是使覆在器物上的拓纸干后仍能与器物紧密贴合，由晚清金石学家、书法家张廷济所发明，经陈介祺实践，并广泛采用。白芨是一种地生草本植物，根部为中草药，富黏性，具有收敛止血、消肿生肌的功效，也可做糊料生产。选用时可在中药店采购，价格低廉，以晒干后色白片薄为佳（图 2.23）。用时将白芨片放入瓶中，用清水淘洗两次去除多余杂质，再倒入适量清水没过白芨，经过泡制后无色透明并具有一定的黏性，白芨水就可以使用了。白芨水使用时要掌握好它的浓淡程度，要根据被拓器物的具体情况而定，过浓可兑清水。拓制表面光洁平缓的器物如玉器、砚台、竹刻、青铜器铭文等可适当使

图 2.23　白芨薄片

用略浓白芨水。如遇易损、易裂或经过修复后的器物白芨水则不可过浓。再者拓制表面粗糙或面积较大的瓦当、画像砖、石刻等时，经过水的浸透，纸张纤维自身的黏合力会紧贴石质表面，就可以不上白芨水。白芨水要随泡随用，不宜久置，如果急用可用热水浸泡白芨加快出汁时间，用毕即放冰箱冷藏保存。

白芨水自发明以来被公认是传拓黏合剂的最佳选择，但并非唯一之选。过去传拓上纸有采用大米汤、胶矾水等，虽说功能与白芨水作用相仿，但对器物和纸张本身带来了潜在的隐患。米汤黏度较低，天热易变酸发馊，拓片在收藏过程中也极易遭虫蛀和微生物侵蚀。胶矾水浓度比例掌握不好会对器物造成损伤，而且会使纸张发脆，墨色泛白。随着现代科技材料的创新，新的传拓黏合剂也在市场上展露，如桃胶、树脂胶等不仅简易方便，而且没有异味。无论使用哪种黏合剂都要以科学的方法来检测验证，以保证器物的状态稳定和纸张的长久保存为准则。

第三章

传拓的工艺程序

无论是用纸、用墨还是针对不同对象不同环境进行多变的传拓方式，都充分说明了传拓技术系统而又灵活的特殊性。传拓的基本原则必须是紧贴原器物进行，离开原件就不能成为拓，因此在施拓中，无论铭文、纹饰在器物上怎样扭转变化，传拓者的视觉始终保持着垂直映像，跟随着铭文、纹饰的走向而移动。实践过程看似容易，实则丝丝入扣，不仅要把传拓前的准备工作作为一项重要的基础事项，更要把握好每个技术环节，心手相应，精力集中，具备一套行之有效和安全的传拓流程。

第一节　传拓前的准备工作

一、室内环境要适宜

传拓前首先要了解室内环境，应有防火、通风等条件和设施。光线、温度、湿度都会对传拓产生影响，太干燥拓纸容易与器物脱离，太潮湿纸张又不易干，要干湿适宜，光线以自然光为佳。可充分利用空调器、加湿器、温度计等，准确掌握室内环境变化，随时调节，增加工作室的操作合理性。室外操作时要选择天气晴朗、温度适宜的时候，无雨水风沙等情况，防止恶劣天气影响实际操作。

二、保证器物安全

传拓前需要根据国家的有关政策制定完整的传拓实施计划。对文物现状进行评估和准确判断，根据器物本身的特性来精细地对待，而且需对自身的状况有准确把握。许多器物在传拓前都经过修复和粘接，或是刚刚出土，日积月累粘接处或表面可能会出现腐蚀松动及有害锈，所以在传拓前一定要详细询问保管人员器物的修复情况以及保存现状，找专业人员进行处理，综合评估是否具备作为传拓对象的条件，如若器物本身过于脆弱或有损坏风险，则不可轻举妄动，强行施拓会造成安全隐患。如有修复记录情况，即使器物状态稳定，也一定要参考具体信息及现状进行详细记录，在传拓中需保持高度注意力，耐心细致，小心谨慎，把握力度和区域，不能为追求效果而使蛮力造成器物的二次伤害。千万不能拓下作品而损坏器物，所以拓制过程中保证器物的安全是关键中的关键。其次，传拓者应该对不同时期的器物艺术特点有一个总体的把握，观察器物体量和纹饰，抓住纹饰的特点来加以表现，突出重点。纹饰是器物表面的形象，直接反映时代的特征和材质属性，还要眼观心想，剖析整件器物，找出纹饰更加完整清晰、可供参考研究价值的传拓对象，进而"锁定目标"。如发现纹饰或字口处有杂质，应在保管员同意的情况下，用毛笔、竹签子清理灰尘和锈土（图 3.1），保证文字纹饰的清晰完整。切勿用刀等钝器处理，损伤器物。根据不同器物种类、形状，还要准备沙袋、棉垫或黏土胶加固垫衬器物，使其牢稳，防止拓的过程中磕碰磨损器物。

如拓带环的器物时，要先用厚的纸条或黏土把环垫好（图3.2），避免碰撞损伤。器身若附有零件，须事先取下，另行保存，待拓后再复原位。最后，用手通过触觉轻轻地敲击和触摸进一步辨别材质的属性、薄厚、暗裂、修复等情况，再做更加深入的思考，为下面的选纸、调制白芨水浓淡等工作做好思想和物质准备。

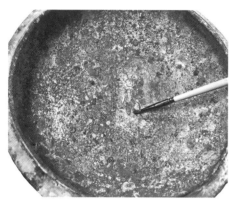

图 3.1　用毛笔清理字口中的灰尘和锈土　　　图 3.2　用厚纸条或黏土把环的底部垫好

三、合理使用白芨水

白芨水的目的是让纸张和器物暂时贴合在一起，并非长久固定。一是要让纸张无缝粘贴，便于上墨拓制；二是便于拓制完成后能够顺利地揭取，所以不是越浓越好。白芨成分中含有淀粉、葡萄糖及酸类，过浓会使白芨水残留在字口和花纹里，以后会影响器物色泽，拓制完成后揭取时也会造成困难，并且会使纸张发黄变硬、变脆，降低纸张寿命。所以要用科学的方法调配白芨水，根据不同环境，器物表面的光洁程度、风化情况、吸水状态，白芨的出胶多少等因素，依据器物的具体情况"因地制宜"地调制出不同浓度的白芨水，灵活掌握，保证"宁淡勿浓"的原则。

四、水的使用

水的使用贯穿传拓程序始终。为了防止污染拓本，清洁字口纹理上的泥垢、杂质等物，浸泡白芨、浸润宣纸、扑子喷水，以及清除器物上残留的白芨和残墨，都要用到水。而绝大部分的腐蚀反应也都是在水的参与下引发的，所以，慎重选择水是非常必要的。最好选择蒸馏水，整体来说还是对器物比较安全的。

五、纸张的选择

传世拓本之所以被称为艺术珍品，除其所拓之物本身具有较高艺术价值之外，还同拓本所用的纸和墨有重要关系。传拓的纸张以薄而细腻、纹理纯净、拉力强韧为宜。拓制纹饰复杂精致的器物如青铜器、甲骨、砚、玉、石、竹等最好使用定制的传统工艺纸张，如扎花纸、棉连纸和净皮纸。汪六吉制造的"六吉棉连纸"纸质比传统棉连宣纸更薄、更绵软、匀净细腻、韧性极佳，是制作拓片的首选纸张，可以更加真实地再现文字与图样的线条，还可以清晰地反映所拓材质的肌理。拓制对象纹饰简单粗犷，如碑、砖、瓦当等则可用普通宣纸为宜，因宣纸略厚，能够承载更多墨量，容易操作。选定用纸后还要仔细审查用纸，清除纸中杂物和疙瘩。纸张大小依照器物大小而定，要留有余边，作为编目等用。如果所拓纹饰过长需要补纸，必须用相同的原纸，并且纹理一致，相补预先裁定。

六、墨的选择

早期拓本均用松烟墨，宋以后有了油烟墨，因其具有黑色饱满细腻、光洁沉稳、表现力强、久不褪色的特点，故宋代以后精拓本多用油烟墨拓制。现在制墨因非古法，一味黑亮，且胶重易形成蛋白质板结，最好是动手研墨，效果最佳。

第二节　上纸

上纸的好坏是拓出精品拓片的重要前提，也是拓片制作中最主要的工序之一，对所呈现拓墨效果的优劣也有着很大的关系。需根据器物的具体样式选择宣纸的厚度。在上纸经验方面《簠斋鉴古与传古》中写道："昔用清水上纸。或折纸，水湿匀透，吹开上之，拓可速而纸易起。水上者不甚起，而字中有水，每干湿不匀。后用大米汤上纸，胜于清水。上纸之劣，莫劣于胶矾，矾则损石脆纸矣。今用张叔未浓煎白芨胶法上纸，然止是札询，未见如法拓者。姑以芨水上纸，以纸隔匀，去湿纸，再以干纸垫刷击之。"[1] 可见制作拓片最早使用清水上纸，后使用米汤上纸，至清末张廷济始用白芨水上纸。各个时期上纸方法不同，性能也有所不同。使用清水上纸，必须使拓纸保持一定的湿度，否则拓纸一干便会脱落，上墨就会侵入字口，失去器物原有的精神风貌。用米汤上纸遇到天热容易发酵，制成拓片也极易遭鼠吃虫蛀。上纸用胶矾水，容易黏性牢固，但是残留的矾会对器物造成损伤，也会使拓片纸张发脆，对保护不利。用白芨水上纸，则更容易掌握黏性，与器物贴合紧密，残留物质也不会对器物和纸质造成过大隐患，便于传拓，又易揭起，一直沿用至今。

上纸可分两种方式，湿纸法和干纸法。湿纸法上纸多用于石刻文物，将宣纸折叠放入清水中整体浸湿，取出后放在洁净的吸水材料中包好，施以压力吸出多余水分，使纸张湿度均匀，并平整地放入塑料密封袋中备用。用时将纸平整展开敷于石刻表面，摆好位置后用棕刷从中间部位开始上起，然后再上两边，最后将四边的纸牢牢封住，每处都要刷到，不能出现气泡和褶皱，否则纸上好后，施拓时拓包会将纸带起，文字不显，也就不能进行后续工作。拓纸全部上好后在拓纸上垫隔层材料，使用打刷从中间向两边顺序垂直敲打拓纸，使纸张与石刻表面字口更加紧密贴附。此方法节省时间，简单易操作，但是拓制时纸张容易与石刻分离。如果石刻面积过大，表面光滑引起上纸不牢时，可在上纸前适当均匀地在石刻表面涂刷一层白芨水。另一种方法为干纸法上纸，以青铜器为例。取

1　〔清〕陈介祺著、陈继揆整理《簠斋鉴古与传古》，北京：文物出版社，2004 年，第 12 页。

适量的白芨水均匀涂抹在所拓青铜器表面（图 3.3），裁出比器物略大 2 至 4 厘米的拓纸，以中间折线为中左右对折，然后再上下对折，展开。将拓纸折出的十字形印记对准所选纹饰或铭文中间部分（图 3.4），左手固定后，随即右手用干净的湿毛巾按压拓纸，操作时宜从中间位置先按压出一个十字点固定（图 3.5），再分区域由中间向周边进行（图 3.6），目的是在外力的作用下，使纸受水后舒展伸张，纸的纤维就会密合于器物的肌理缝隙中。铭文部分全部按压完成后（图 3.7），覆上一层塑料布用小棕刷轻轻排实几遍（图 3.8），然后撤掉塑料布，再覆上吸水纸用打刷轻轻敲打（图 3.9），吸除多余水分加速纸张干燥，也使纸张贴合牢固，避免在施墨时纸张脱落。打刷敲打时力度要均匀，不轻不重，有字无字都应均匀有

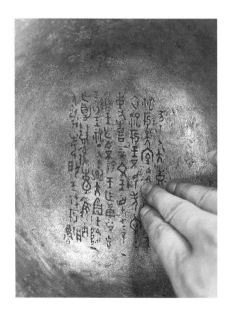

图 3.3　均匀涂抹白芨水

图 3.4　拓纸左右上下折叠对准铭文中间

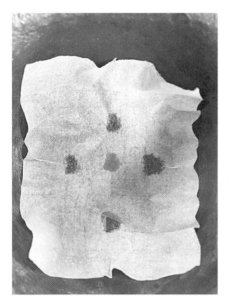

图 3.5　先按压出一个十字点固定

图 3.6　由中间向周边进行按压

图 3.7　铭文部分全部按压完成

图 3.8　覆上塑料布排实

序敲打，一来不能破坏纸张，二来不能伤及器物。待干燥后，拓纸就会紧密贴合于器物表面（图 3.10），最后使用小棕刷均匀排实，刷掉附着的纸毛，使纸张严实光洁。

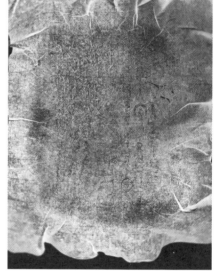

图 3.9　垫纸用打刷轻轻敲打　　　　　图 3.10　拓纸与器物紧密贴合

上纸时还要注意以下几点。一是水量的把握。上水过湿，湿则过重，纸张拉力大大减弱，动作稍有不慎就会使纸张破损，而且不易干。上水不足，会造成铭文纹饰显现不明，易出褶皱，拓出的效果就会灰暗模糊，影响使用。提前审视纸张的薄厚和器物的吸水性能，以及室内环境的差异，做到有意识地综合考虑，注意积累经验。二是褶皱的处理。有些器物腹内圆鼓而曲，许多青铜器铭文有的在器壁上，有的在腹内，也有的在底部，上纸就很容易出褶。在这种情况下，一定要耐心细致地将有褶皱的地方避开字口和纹饰，或是把有褶皱的地方重新揭起刷平，否则上墨完成后，把褶皱打开，字迹纹饰就会变形或是分成两半。如制拓铜镜遇上环纽较高时，将纸折出十字印记，对准环纽取中，要根据环纽部分的大小形状，用剪刀剪出相应的缺口，若怕形状剪不准，也可用铅笔提前画出形状。剪时只剪上下右边，使左边仍与拓纸相连，随即再把拓纸剪出的缺口由环纽上方套下（图 3.11），用湿毛巾把缺口纸暂时固定在环纽上。铜镜本体拓好后，揭起一边，最后拓环纽。三是细节的把控。拓器物内部时，拓纸四周白边不宜留出太多，按大小留出 2 厘米即可预先裁定。纸不够需要接纸时，不能将纸接在有字和凸显的部位，应尽量接在字与字之间的空隙中，接纸的宽度要尽量窄些。如在拓制过程中纸张不慎破损，须用相同的原纸相补。还有的青铜器铭文在器物内部深处，口窄颈长，既不易上纸，也不便拓墨，可将小拓包捆扎在毛笔杆或医用止血钳上辅助进行（图 3.12）。

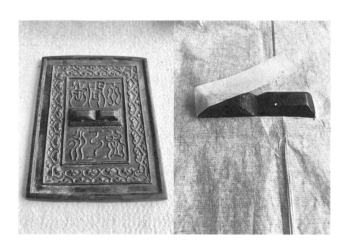

图 3.11　将拓纸剪出的缺口由环纽上方套下

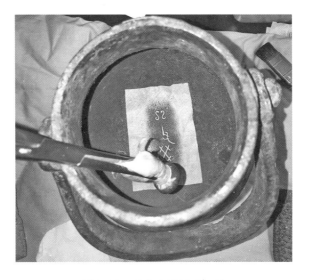

图 3.12 用止血钳辅助拓制

第三节 上墨

　　由墨色构成的黑白拓片，是整件作品的第一面貌，墨色所呈现出的笔画线条和斑驳肌理构成了独有的形式美感，同时也体现了器物表面时间和腐蚀所产生的锈斑及古旧质感，是传拓技法流程中最为核心的工序。传拓通过拓包蘸墨捶打在宣纸上产生了独特的颗粒感和强烈的视觉效果。在保证纸张紧密贴合于被拓对象不会脱落的前提下，利用拓包控制墨的干湿浓淡，根据捶拓的次数来控制画面的深浅，以表现器物较强的肌理质感。《簠斋鉴古与传古》中对上墨写道："上墨须匀，勿先不匀，后再求匀。上墨不可使有骏墨透纸，使纸背有不白处，有轻重浓淡处。

最后则俟纸极干时，以包蘸好墨，扑而兼拭，则墨色明矣。其要则先须字边真，尤须字肥，瘦细即边真，亦不如真而肥者。拓止为字，字边真而肥，乃得原神。墨色则其次，淡墨蝉翼拓固雅，不及深墨之纸黯而犹可勾摹也。字外之墨，渐淡而无，如烟云为佳，不可有痕。"[2] 这段话体现了传拓在用墨上有极高的可控性，在具体操作时浓淡深浅全凭实践者的把握，用墨的种类、浓淡、轻重都会使拓片呈现出不同的面貌，要熟悉所选用拓纸的特性，做到正面墨色均匀一致，背面纸色洁白如新，决不可将墨洇到纸的背面，这也是传拓者在控制力上的体现。

上墨前还要判断被拓物的表面情况，若是表面光滑细密，便适合浓墨拓，倘若表面粗糙漫漶，用浓墨拓反而会失去更多的细节。具体方法是：用小喷壶湿水拓包，然后蘸磨好的墨，不可过多，将拓包在砚台上，上下敲击，使墨和水在扑子上撧揉均匀（图 3.13），切不可直接将拓包按压在墨汁聚集处，以免因拓包吸收墨汁过量，有损字口和纹饰的显现。其次，也要把握捶拓的力度和扑子水分的控制，避免纸张在拓制中破损而使墨色洇染到纸背或污染器物造成不可逆的污损，上墨的好坏也是检验拓片完成后是否合格的重要标准。第一遍墨色不宜过多，待纸干到七八成时是上墨最佳时机，纸过湿墨色昏沉，纸过干墨色浮躁。施墨时，扑子走向应从左至右，从上往下，以此顺序进行，不可跳扑去拓，出现花斑和拓痕，墨色力求均匀一致（图 3.14）。扑子上的墨用完使净后，再重新喷水蘸墨，反复撧揉，无积墨，避免墨透纸背，也不可贪图以浓墨一次性将拓片拓制完成。

2　〔清〕陈介祺著、陈继揆整理《簠斋鉴古与传古》，北京：文物出版社，2004 年，第 13 页。

待稍干后，再拓二至三遍，用力要由轻渐重，墨色也要由浅变深，但不可追求浓重（图3.15）。如有局部墨色欠缺，可再进行修补。待正面字口图案清晰、墨色均匀、层次分明、润而不燥、光洁莹然，即可落扑（图3.16）。

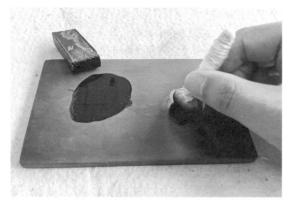

图 3.13　喷水蘸墨撍揉拓包

图 3.14　上第一遍墨色

图 3.15　上第二至三遍墨色

图 3.16　拓制完成

在上墨手法上《簠斋鉴古与传古》中描述："拓墨须手指不动而运腕，运腕乃心运使动而腕仍不动。不过其力，或轻或重，或扑或扬，一到字边，包即腾起，如拍如揭，以腕起落而纸有声，乃为得法。"[3] 此段话说明了拓制操作时手指、腕力和心的联动关系，手腕用力的轻重缓急皆是工具，即意在手先，心而运腕用力轻柔不浮躁。如上墨有所设计，可先试拓一张，仔细观察揣摩，然后再定本施拓。上述上墨方法适用于各种器物，但对于不同材质的拓制与不同效果的追求，则有更多个人针对性和灵活的拓制方法。

第四节　揭取

拓片完成后可用小棕刷在拓片表面轻轻排刷两遍，一是加速干燥及清理附带上去的灰尘杂质，二是可以使得墨色更加浑厚油亮。随后，取拓片一角斜侧式向对角方向揭起（图 3.17），如顺利揭下，证明白芨水的浓淡及上纸时的用水量、纸张与器物的贴合程度、上墨的速度和力度、温湿度的控制等方面都达到了理想的效果。揭取过程中如不能顺利揭起时，切不可用力强揭，可用口对着拓纸牢固处哈几口气，纸墨遇潮会降低与器物表面的黏合程度，或是用镊子和竹针辅助剥离。出现这种情况的原因可能是青铜器本身锈斑过多、拓面不洁、白芨水过浓或是上纸敲打用力

3　〔清〕陈介祺著、陈继揆整理《簠斋鉴古与传古》，北京：文物出版社，2004 年，第 13 页。

过大、扑子囤墨较多拓时墨浸等，所以在进行每个步骤时都要严谨细致，才能为后续工作顺利进行打下良好基础。揭取下的拓片用手轻轻整理一下，在拓片右下角用铅笔注明所拓器物的名称、具体部位、张数、时间、地点，做好完整资料记录方便日后查对和整理编目（图 3.18）。

图 3.17　向对角方向揭起　　　　　　　　　图 3.18　整理注明

第五节　拓片的工艺标准

在清代的金石学语境中，就出现了以"精拓"和"粗拓"来区分拓片的工艺标准。传拓是从石质载体 1：1 地转为纸质载体的过程。粗劣者如不能仔细观察清洁碑文、器物，或水分力度不当，都会影响字迹和图案的识读；精良者却能准确地再现原物面貌，且拓片黑白间的字口能够清晰到无可附加的程度，视为佳拓之品，所以施拓者的精湛技艺和对品质的追求是直接决定拓片质量与品相优劣的关键。

叶昌炽《语石》中论道："有同一碑为同时拓本，而精粗迥别者，此拓手不同也。陕豫间庙碑墓碣，皆在旷野之中，苔藓斑驳，风高日熏，又以粗纸烟煤，拓声当当，日可数十通，安有佳本。若先洗剔莹洁，用上料硾宣纸，再以绵包熨贴使平，轻椎缓敲，苟有字画可辨，虽极浅细处，亦必随其凹凸而轻取之，自然勾魂摄魄，全神都见。苟非此碑先经磨治挖损，传之百余年后，其声价必高于旧拓，但非粗工所能知耳。余尝得无极汉碑精拓本，以国初拓较之，竟无以远过，以此知拓手之不可不慎择。"[4] 此段话讲述了一张精良的拓本在制拓前需要对所传拓的对象进行细致的清理，特别是散落在野外的残碑断碣，遍体都是污垢和苔藓，须清洗干净。在此基础上，又要根据传拓对象选择佳楮良墨，采取精细的拓法，才可显出清晰的字画图案，碑面上每一个极为细微的地方，也必能随着其凹凸起伏而显现出来，如此自然能引人入胜，微妙尽现。也说明了洗石是重要的前提和工序，对精拓的追求也越来越极致。由此可见，想要做出一张质量上乘的拓片需要制拓者兼具诸多因素，既要有严谨的科学态度，重视每个制拓工序细节，又要满足不同行业学者对其拓片研究诸多方面的价值体现。

4　〔清〕叶昌炽《语石·语石异同评》，北京：中华书局，1994 年，552 页。

一、传拓者要有一定的文物保护职业修养和娴熟的传拓技艺，特别是拓制文物级别的器物，全程工序须进行规范操作，不能使用化学药剂等对文物造成隐患，要具备较强的文物保护意识。

二、传拓者上手前应对所拓对象的艺术特点有一个整体把握，然后再根据文字或纹饰特点的不同，灵活地采用拓制手法加以表现，这样才能在施拓过程中做到突出重点。

三、好纸佳墨是拓片精、优的前提和基础。遇到拓制文物级别的器物，纸墨材料更要认真遴选。

四、拓片所呈现的文字或纹饰需在拓纸中心，位置正直，不偏不斜，能够完整地反映所拓对象的准确内容及状态，不能随意添加省略。

五、一张拓片作品中虽有墨色浅淡和浓重的区别，但墨色要均匀一致，突出技法上的特色，不能有墨点、不漫漶、不能起毛。字口光洁清朗，温润有神，锈斑的表现、缺失文字或笔画、裂痕和磨损痕迹的细节体现，都是反映精致拓片的审美标准，也是对施拓者技艺的肯定与称赞。

第四章

传拓的基本种类

　　传拓技法根据不同的传拓对象，不同的墨色变化，不同的时空环境和创作思路衍生了繁多的传拓种类，这种多样的技法在传世的大量拓本上都有所体现。在现代文物研究中，传拓应用的对象又比以往更加宽泛，不同器物的样式各有特色，因此传拓前要准确地理解和把握所拓器物的内容，根据墨色浓淡变化来充分展示器物的神韵。在拓片的收藏上，拓片呈现的不同种类都有着忠实的追捧者，还有一些特殊的技法不用捶拓这一步骤，亦能复制出拓片效果。

第一节　乌金拓

　　乌金拓是用油烟墨经过数遍拓制而成，最好使用洁白平整、薄厚均匀的宣纸。乌金拓拓本黑白分明对比强烈，墨色沉稳、乌黑、油亮，浓墨而不显凝滞呆板，精气神十足，拓片上展现的文字与图案线条也会显得棱角分明、清晰细腻、主题突出，给人以最直观的视觉感和无限韵味（图 4.1）。明《长物志》载："南纸其纹竖，用油蜡，故色纯黑而有浮光，谓之乌金拓。"[1]乌金拓在制作过程中需要反复多次上墨，墨会在拓纸上积起厚度，要注意上墨的时间和干湿的掌握，扑子每次蘸墨不宜过多，用墨宜浓，层层叠拓，先从无字部分上起，从左至右，

1　〔明〕文震亨《长物志·卷五·书画·南北纸墨》，北京：中华书局，2012 年，第 57 页。

图 4.1　乌金拓

由外至内，用力均匀，轻轻扑打，避免一次上墨过重过湿，形成大块死墨，出现"墨重淹字，浓墨失真"，使得文字或图案的线条受到墨色的浸染，这也是乌金拓在拓制过程中最容易出现的问题。乌金拓的上墨关键是第三遍，要保证墨色起亮匀净，润泽不凝，时刻注意字口和纹饰的局部细节，直至满意。乌金拓也被人们称道为浓墨拓本的至高境界，陈介祺更是精得此法。

第二节　蝉翼拓

　　蝉翼拓是用极薄的纸施以淡墨捶拓而成。拓片墨色均匀如雾，温润如水，通透淡雅，拓痕肌理清凉幽静，在视觉上不及浓墨拓那样对比浓烈，却有薄如蝉翼和淡如罗纱的视觉效果，透着空旷高远的怡然，沁人心脾（图4.2）。同时文字处会显得清晰洁净，不会有墨色侵入字口的情况，它的精致也体现了轻柔适当的手上功夫和文人微妙的审美趣味。《长物志》载："古之北纸，其纹横，质松而厚，不受墨；北墨，色青而浅，不和油蜡，故色淡而纹皱，谓之蝉翅拓。"[2]这里指的就是蝉翼拓。蝉翼拓在制作过程中最好选用六吉棉连纸，拉力强，薄而细腻。用墨须精细，最好研制，如用现成墨汁，要适量加入清水稀释浓度。拓制前在纸上试拓几下，观察墨色浓淡干湿程度，要特别注意扑子的洁净，保证扑面没有污渍和积墨。上墨时，须遵循宁浅勿深、宁干勿湿、宁轻勿重的原则。蝉翼拓虽在用墨上较少，但是对墨色和力度的把控上要格外严谨，稍有不慎，极易出现墨点，字口纹饰含糊不清。蝉翼拓需要一定的传拓基本功，须拓纸不见扑墨痕迹，纸纹清晰，字口匀净不轻飘，此法以释达受为最精。

2　〔明〕文震亨《长物志·卷五·书画·南北纸墨》，北京：中华书局，2012年，第57页。

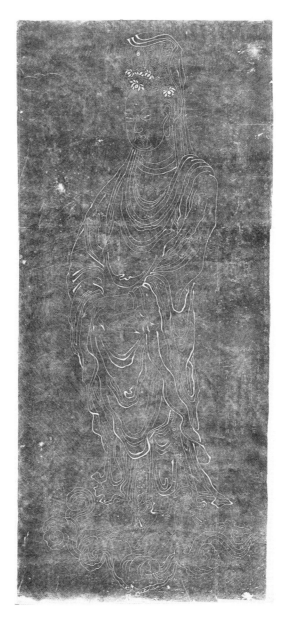

图 4.2　蝉翼拓

第三节 朱拓

朱拓是指以矿物颜料朱砂代替墨色来使用，也称朱砂拓。其拓制方法与其他拓法工艺基本一致。朱拓富丽堂皇，朱色鲜艳，另有一种别致的韵味，以示吉祥喜庆（图4.3）。朱拓在明代十分盛行，思古斋《黄庭经》《兰亭序》等都是朱拓拓本，且十分珍贵。朱砂颜料可买市场有售的朱砂墨锭，最好选用颜色正红饱满、饱和度高且易研磨的，也可自制调配朱砂墨汁。取适量的朱砂粉混合鸡蛋蛋清，并顺着一个方向搅拌，等到朱砂粉和蛋液融为一体后再加入少量的桃胶，充分融合后朱砂墨汁就可以使用了。在拓制过程中，要选用干净的新扑子，扑子上蘸朱墨不宜过多，拓纸彻底干透后方可上色。要注意的是第一遍上色后也要等待拓纸和朱色干透再上第二遍，以此类推。如急于求成底色未干而上下一遍色，除易造成颜色渗化、笔画模糊不清外，还会色透纸背污染器物，影响拓片质量。

图 4.3 朱拓

第四节　瓜皮拓

瓜皮拓是借鉴了浓淡墨相间的一种拓法，呈现的效果形似"西瓜皮"纹样。有字的地方黝黑浓墨，无字的地方淡墨青白，整张拓片墨色虚实结合，信息层次鲜明，主题突出，能使观赏者的视觉在最短的时间内集中在文字上（图4.4）。其方法是，先用扑子整体拓一遍淡墨，要求墨色淡而匀，待淡墨稍干后再用小扑子在文字部分施重墨捶拓一到两遍，使字口浓重清晰，文字相间形成一行黑一行白的反差效果。另一种表现形式则是相反，有字的地方淡墨青白，无字的地方黝黑浓墨。瓜皮拓的这两种表现形式，并无定制，可根据传拓的具体实物在淡墨的基础上灵活转换。

图 4.4　瓜皮拓

第五节　颖拓

　　颖拓是绘画的一种特殊表现形式，在本质上与传统拓印无关，它其实是一种模仿拓片的绘画手法，这门技艺中所蕴含的精致与微妙，映托出独有的魅力，为其他艺术所没有。颖拓既具有拓片的真实观感，又具有独特的艺术特征和欣赏价值，于形式上可得俊逸之能，于内容上可化金石之义。通过颖拓我们可以欣赏到历来经典的拓本残影和落纸云烟的笔墨技巧，同样有着美学意义和艺术价值，对推动传拓技艺和中国书画艺术的创新发展都有着积极作用。

　　颖拓中的"颖"指的就是毛笔，"拓"指在刻铸有文字、纹饰的器物上通过白芨水贴合纸张，用拓包蘸墨均匀捶打后使器物文字、纹饰黑白凹凸分明。颖拓是强调以毛笔为主要工具的一种模仿拓片的艺术形式，具有脱离原物而创作的典型特征，与传统的传拓技法有本质上的区别，虽然在外观形式上显现出与拓片相同的观感，但实际上已经没有了"拓"字所包含的内容，与"拓"相差甚远，只能以绘画论之。因此颖拓也可叫作"笔拓""画拓""颖画"。

　　颖拓对照摹绘，不与器物接触，甚至可以脱离物体本身进行默写，尽可能地完善原拓的形神与气韵，如同拓的一样。此技法一向为金石考据家研究稀有拓片时临摹所用，后在传拓技法中独成画种。颖拓为民国时期姚华先生所创，他是清末民初著名的书画家、诗人、词曲家、经史学家、文学家及艺术教育家。他在诗、文、词、曲、碑、版、古器及考据等方面都有很高的造诣，对中国古代文化进行了较广泛的涉足，在近代美术史理论方面，作出了重要的贡献。他所创的颖拓，介乎书与画之间，以规摹古代金石碑刻为主，擅用秃笔绘制，画幅别具风格，布局独具匠心，真伪难辨，令人叹为观止，显示出浓郁的民族艺术风格（图4.5）。姚华颖拓作品受到了很多名家激赏，其中郭沫若颂颖拓之美："传拓本之神，写拓本之照。有如水中皓月，镜底名花，玄妙空灵，令人油然而生清新之感。"[3]

一、颖拓的制作

颖拓主要临摹的对象是拓片，在照片技术不发达的时期，我们前人对古碑石刻、金文彝器等上面的文字、纹饰、器形等方面的记录，除了文字描写，最重要的手段就是以拓片的形式复制遗存。以前拓片大部分为私人收藏，得来不易，颖拓出现后，便可以对物临写或对照片摹画，将拓片再复制是颖拓最初的作用。就颖拓这门技艺的结构而言，最大的特点是"摹绘"，要做到"似拓非拓，似临非临"。颖拓是以书法与绘画相结合，兼具了书与画的双重特点，功夫也都体现在运笔用墨上。在绘制颖拓时，事先考虑，整体构思，再下笔绘制定

3《郭沫若论姚华颖拓》，政协贵州省贵阳市委员会文史资料研究委员会编《贵阳文史资料选辑·第十八辑》，第10页。

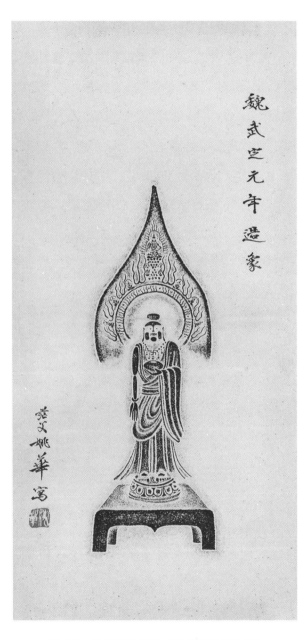

图 4.5　姚华颖拓作品《魏武芝元年造象》

稿，然后双钩轮廓。双钩是颖拓制作的关键步骤，欲识颖拓，必识双钩，姚华精于此道，深有体会。双钩作书，极讲究功力，蘸墨用对临或背临的方法，双钩出原作品中字或纹饰的轮廓，使之成为空心。最后再根据实际对象框外填实，须有条不紊，黑白相得，虚实相辉。颖拓作品讲究布局，重视意境，画面有款、有印、题有诗词，内容丰富多彩，兴致盎然。同时这些解说、释文及说明性题记，既丰富了画面，还涉及所颖拓文物的来历、价值、意义等内容。由此可见颖拓不仅只是停留在摹绘拓本的层面，它已超越外在形制，更具有深远意境的独特艺术。

颖拓其实质是大量借用山水画技法和灵活的笔墨技巧，运用毛笔尖通过画、擦、点、皴等临拓器物上的文字、纹饰。要求不漏笔墨痕迹，用笔避巧就拙，用墨浓淡干湿结合，黑白虚实间营造出锤拓效果，逼真地把器物上的文字、纹饰完善清晰地呈现在画面上。颖拓器物图像时要根据器物的材质、形状、特征选择实钩或虚钩，质地上要灵活贴切地描绘物象。颖拓常用的技法是"积点法"，单点落纸，选用渴笔点染、层层积墨的表现手法，以点带面，形成节奏，在轮廓上更为逼真（图 4.6）。颖拓在绘制填补的过程中没有固定技法，可谓"法无定法"，正是这种灵活的技法，使得每个制作颖拓者都具有不同的风格。不同颖拓者对同一个作品有着不同的理解，艺术造诣和审美水平也各有异同，在摹绘中技艺手法也不同，这是一个综合素质的反映，直接影响颖拓作品的艺术呈现（图 4.7）。

图 4.6　运用毛笔临拓器物纹饰　　　　图 4.7　颖拓青铜鼎

二、颖拓的表现形式

　　颖拓是一种艺术创作，融合着作者的艺术个性和艺术造诣，是一项细节决定成败的工作，需要作者具备金石、书画、文字学，熟知传拓种类和制作技法等多方面的功力。良好的艺术修养、丰富的文史知识和敏锐的审美洞察力也是一位合格颖拓者必须具备的特质。在实际创造中笔者有着较高的美术功底，学习平面拓、全形拓多年，在研究颖拓过程中以拓片为主观基调，以传统颖拓为基础进行扩展和尝试，运用全形拓技法连贯绘通，结合器物表面自身质地肌理，突出表现器物属性纹理、青铜锈蚀效果和拓包墨迹反复捶打的痕迹，随着器物纹饰高低形成的浓淡层次，抓住颖拓技法特质，描绘精微且复杂的物象，力图表现形式丰富，达到图史相合、文质并重的目的，使颖拓画面更有器物久远的历史气息和苍古厚重的年代感。颖拓不仅是一门技术，要使颖拓作品能与原作莫辨楮叶，需要摹绘者一丝不苟反复临摹与刻苦磨炼，在对技法运用和材料性质把握的同时，也要理解原作的意图，理解字里行间和纹饰图案的寓意，不能只反映表面的一些东西。好的颖拓作品追求形神兼备、虚实相生、浓淡相宜，可以看到字形和纹饰的准确表达，利用水墨技法结合笔尖的细小变化，体现出自然与人工制作的有机统一。

通过分析拓片的众多样式，我们可以看到不同质地所呈现出的画面肌理和视觉质感的差异，所以在颖拓摹绘中更是一个充满再创作的过程。首先，不同的人即使使用相同的工具和材料、相同的制作方法，也不能制作出两张完全一样的作品来，每个人的气质和风格都会在作品中留下痕迹，这和中国画中的笔墨概念有着很大的相通性，即使两张作品内容上一样，但在笔墨技法上却相差甚远。其次，每件作品都融入了制作者的直观意识和艺术理念，自然会在摹绘的过程中表现出很大的能动性，对摹绘的对象有一个全面信息的主次选择，以不同的手法，强调主要内容，减弱或省略次要内容，使被摹绘的对象特征在画面中做出一定的修饰，得到放大或突出，进行再次创作，从而使颖拓作品体现出与原拓片有所不同且更具表现力的风韵情致。最后，颖拓制作手段多样，人们可以充分利用颖拓的自由性进行再创作，在以颖拓为元素的基础上融入自己的艺术风格和审美趣味，而不受实际器物的限制。从形制到载体上也可以灵活变通，像绢这类材质是无法完成传统拓印的，但是可以进行颖拓，保留了绢本的质感，独具风味。其次，立轴、长卷、册页、扇面上都可以创作。画面上有款有识有印，甚至题上诗词，使整个颖拓作品内容多实质，多结构，在深层次上拓展了颖拓作品的内涵。

三、颖拓发展的局限性及现状

传统颖拓无论从历史原因和自身属性，还是从内容与形式而言，都未能从中国画创作中成为主流。新中国成立后，文物保护意识增强，收藏逐渐归为国有，文物传拓更加稀有，取而代之的是摄影技术和影印技术的推广。人们充分享受到了科技带来的便利，通过照相制版的方法，印刷出大量书籍。文化传播的途径也更加广泛，拓片艺术因此受到很大的限制，颖拓也没有受到发展和重视。大多数人对颖拓的认识也非常浅显，颖拓因摄影的便利受到冲击。其次，颖拓最初以特殊手段摹绘金石拓本时，并不具备一套完整的绘画语言，没有普遍性和独立性，从笔墨技法上讲，颖拓不见笔踪，用笔上与传统国画观念相离。即便在日后有名家推崇参与，颖拓仍没有在立意上得到很好的传承和发扬。最后，颖拓从主题上看，创作全然依附于金石学，与原物原拓紧密联结，牢不可分，创作者更需身兼拓工、书画工、金石家、考据家之能，其接触难度大，门槛高，受众群体和社会认知度低，都成为它自身发展的阻碍。

随着国家对传统文化和非物质文化遗产传承的重视，传拓技艺的推广范围扩大，以及现代科技的促进，政府与网络的支撑，让传拓技艺不断得到发展。另外，拓片中所承载的大量历史信息，具有极高的文物史料价值，在文物研究和文物保护领域都有着非常重要的地位。当艺术品进入商业领域之后，拓片又成为珍贵的艺术品，其审美价值也愈发变得重要。这些现代文化形式的更替和艺术形式的发展随之也带动了颖拓技术的认知度，其艺术魅力日渐彰显，引起越来越多的艺术界、学术界人士的重视。愿意学习和接触颖拓的人增多，普通人也可以参加颖拓培训班。学校和社区将颖拓技术的推广加入文化宣传课题中，在推广过程中将有更多的年轻群体了解和喜爱颖拓，在文化教育推广和技艺传承方面越来越好地体现其价值和发展。颖拓作为一种摹绘蚀刻风化效果的技法，它所带给画面的符号性与冲击感，完全可以在中国画一贯强调笔踪的框架内，给予当今创作者一些新的启发。

第六节　响搨

响搨技术是一门传统的、旨在保存与传播珍贵书法、法帖拓本的特殊复制技法，以临、摹、勾、填的方法，最大限度地保留原作的笔墨技巧和神态风韵，以 1∶1 的完全复原古书真迹为目标。它区别于传拓技法，有着独特的操作流程，自发明起在各个时期形成了不同的制度和从事响搨的群体，为原始汉字书法艺术的传世发挥着重要作用与价值，也为我们学习书法提供了珍贵的素材。其方法是以纸覆于法帖拓本或书法墨迹上面，置于洞窗等透光之处，依照所透墨迹，将原本上面的字用细毛笔白描双钩出外形轮廓，摹写下来形成空心字，最后再以墨笔填充，也称"搨写""影书""向拓""向搨""响拓"等，唐宋以前又称"摹搨"，与现今书画临摹复制法相同。《丧乱帖》是响搨的代表（图4.8），双钩廓填，白麻纸墨迹，笔法精妙，使用响搨的方式将其还原，连同原法书上火烧虫咬痕迹都能表现得淋漓尽致。

图 4.8　唐摹《丧乱帖》局部

一、响搨的发展

响搨早在魏晋南北朝时期就已出现。这一时期朝代更迭，战乱频繁，藏书损毁严重，每个时期朝局稳定后便向天下私人藏书者借书传抄，再经过校对装帧后藏于秘书监。魏晋以来藏书机构与制度传承有序，为响搨技术的产生奠定了基础。张彦远《历代名画记·论画体工用搨写》记载："顾恺之有摹拓妙法。"[4] 顾恺之是东晋杰出画家，可知在东晋便有摹搨技术。南朝宋泰始年间虞龢的《论书表》载："及泰始开运，地无遁宝。诏庞、沈搜索，遂乃得之。又有范仰恒献上张芝缣素书三百九十八字，希世之宝，潜采累纪，隐迹于二王，耀美于盛辰。别加缮饰，在新装二王书所录之外，繇是拓书，悉用薄纸，厚薄不均，辄好绉起。范晔装治卷帖小胜，犹谓不精。"[5] 此句所述之前的响搨用薄纸，且厚薄不均，所以容易皱起。之后又讲范晔装裱还可以，但不精到。南朝梁武帝喜好搜集鉴赏古法书，响搨技术在南朝梁逐渐成熟，后世将"梁摹本"与"唐搨本"同视为珍品。在《法书要录》中收录着陶弘景与梁武帝的书信往来，写道："近十余日情虑悚悸，无宁涉事，遂至淹替，不宜复待。填毕，余条并非用，惟叔夜、威辇二篇，是经书体式，追以单郭为恨。臣比郭摹所得，虽粗写字形，而无复其用笔迹势。"[6] 文中使用"填毕"一词，指在双钩的文字上面填墨，"单郭"是对文字的轮廓进行双钩。"郭摹"是取代双钩进行摹写的意思，探讨了响搨双钩填墨的方法及心得，可知这一时期就已出现双钩填墨的方法。《南史》卷三十二《张融传》中道："宋文帝云：天下有五绝，而皆出钱塘。谓杜道鞠弹棋、范悦诗、褚欣远模书、

4 〔唐〕张彦远撰《历代名画记》，北京：京华出版社，2000 年，第 19 页。

5 张宏儒、罗素《中华传世奇书》（卷二），虞龢《论书表》，北京：团结出版社，1999 年，第 10~12 页。

6 〔唐〕张彦远《法书要录》，杭州：浙江人民美术出版社，2019 年，第 41 页。

褚胤围棋、徐道度疗疾也。"[7]可知，南朝宋褚欣远是模书名手。除南朝外，在《北史·崔宏传》中写道："延昌初，著作佐郎王遵业买书于市，遇得之，年将二百，宝其书迹，深藏秘之。武定中，遵业子松年将以遗黄门郎崔季舒，人多摹搨之。"[8]此之"摹搨"，影写的是崔宏之父崔潜所抄写的医书《本草》，也记载了北朝搨本的文献。

隋唐时期响搨盛行，以名家真迹本、模本为范本制作了很多拓本且技术最精，内府设有专门机构从事响搨工作。《唐书·百官志》中记载宫中集贤殿书院有搨书三人，其专职就是搨写影书古人笔迹，唐太宗时期赵模就是有名的搨书高手。唐代采用硬黄纸，即把黄蜡均匀涂抹在纸面上，蜡不会渗墨污染真迹，再经过熨烫研光，使纸面光亮便于勾摹。传世名迹神龙本《兰亭序》《万岁通天贴》《远宦贴》等，都是唐代著名的响搨拓本，勾摹传神，堪比真迹。而在书法史上最为著名的复制品就是由唐代冯承素响搨而成的王羲之《兰亭序》（图4.9）。这件响搨作品现藏于故宫博物院，因卷首有唐中宗李显神龙年号小印，又称作"神龙本"。作品将王羲之原作中破锋、断笔、涂改的字都搨写得极为细致，墨色的层次清透，为我们再现了《兰亭序》的真迹风采。唐代不仅搨写书法，也搨绘画。张彦远《历代名画记·论画体工用拓写》："古时好拓画，十得七八，不失神采笔踪，亦有御府拓本，谓之官搨。国朝内库翰林集贤秘阁拓写不辍，承平之时，此道甚行，艰难之后，斯事渐废。故有非常好本拓得之者，所宜

7　李国钧主编《中华书法篆刻大辞典》，长沙：湖南教育出版社，1990年，第88页。
8　曹之著《中国印刷术的起源》，武汉：武汉大学出版社，1994年，第257页。

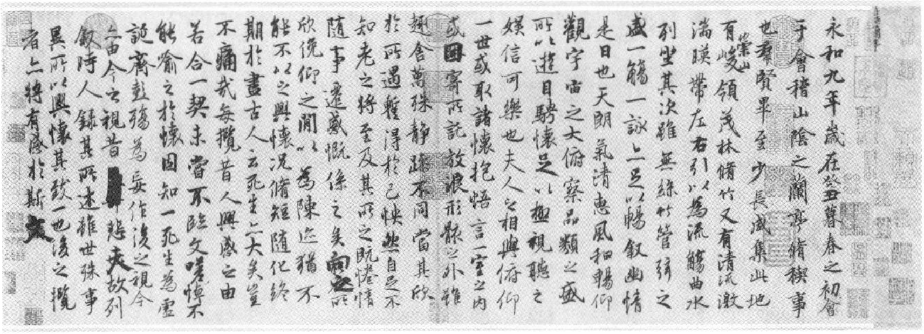

图 4.9　唐摹《兰亭序》局部

宝之，既可希其真踪，又得留为证验。"[9] 可知其时的搨画技术已经相当成熟，竟能达到神采笔踪"十得七八"的程度，且唐代响搨还是以官府为主，也论述了中央文馆内搨写法书情况，技术也达到了前所未有的高度。

　　宋代，法帖拓本流行，传拓技艺逐渐替代响搨，技术也与唐代比较相差甚远。但这一时期因法帖盛行，对法帖的复制搨本也相继产生，如现存王献之《中秋帖》、颜真卿《湖州帖》等，被认为是米芾所作。宋人黄伯思还将临与摹进行界分，在其所著《东观余论》中《论临摹二法》，说："世人多不晓临摹之别。临，谓以纸在古帖旁，观其形势而学之，若临渊之临，故谓之临。摹，谓以薄纸覆古帖上，随其细大而搨之，若摹画之摹，故谓之摹。又有以厚纸覆帖上，就明牖景而摹之，又谓之响搨焉。临之与摹二者迥殊，不可乱也。"[10] 这里说明了临帖与搨帖的区别，

9　〔唐〕张彦远撰《历代名画记》，北京：京华出版社，2000 年，第 23 页。

10　漆剑影、潘晓晨编著《中国历代书法名句简明辞典》，黄伯思《东观余论》，北京：中国旅游出版社，1996 年，第 233 页。

阐明搨帖即"白描双钩，墨填廓内"。随后张世南为了辨博书法，将临、摹、硬黄与响搨进行了更为详尽的区分和解析，在所著《游宦纪闻》中载："辨博书画古器，前辈盖尝著书矣。其间有论议而未详明者，如临、摹、硬黄、响榻是。四者各有其说。今人皆谓临、摹为一体，殊不知临之与摹，迥然不同。临谓置纸在傍，观其大小、浓淡、形势而学之，若临渊之临。摹谓以薄纸覆上，随其曲折宛转用笔曰'摹'。硬黄谓置纸热熨斗上，以黄蜡涂匀，俨如枕角，毫厘必见。响榻谓以纸覆其上，就明窗牖间，映光摹之。"[11] 可以看出文中将临、摹区分看待，并将硬黄与响搨的制作方法进行了描述。南宋时还出现了以响搨之法伪作墨本拓片，在赵希鹄《洞天清禄集》中有记载："以纸加碑上，贴于窗户间，以游丝笔就明处圈却字画，填以浓墨，谓之响拓。然圈隐隐犹存，其字亦无精采，易见。"[12] 意思是影写碑文，方法与影写墨迹一样，先依照每个字的笔画边缘勾写成空心字，然后用墨填满。同时南宋的姜夔在所著《续书谱》也提出了双钩的法则。曰："双钩之法，须得墨晕不出字外。或廓填其内，或朱其背，正得肥瘦之本体。虽然，尤贵于瘦，使工人刻之，又从而刮治之，则瘦者亦变为肥矣。"[13] 说明了双钩须使墨线不晕出字外，

11 盛恩德总主编、〔汉〕班昭著《中华秘本》（第2卷）《女论语》，北京：印刷工业出版社，2001年，第1574页。

12 傅如明著《书法篆刻创作》，赵希鹄《洞天清禄·集古今石刻辨》，上海：上海交通大学出版社，2014年，第118页。

13 杨成寅主编、杨成寅著《中国历代书法理论评注·宋代卷》，杭州：杭州出版社，2016年，第246页。

或在墨线内填墨，或在原迹背后上朱砂，都要恰如原来肥瘦。然而最好还是勾得比原迹瘦些，因勾本交给工人去刻，经过处理，瘦的也会变肥的。自宋以后虽响搨技术走向衰弱，但响搨方法和风格亦有多种。

明清对于响搨的记载很多，但对其具体方法莫衷一是。明李日华在《紫桃轩杂缀》中提到硬黄与响搨的异同。文载："响拓者，坐暗室中，穴牖如盎大，悬纸于法书，映而取之，欲其透射毕见；以法作缣，色沉暗，非此不彻也。硬黄者，缣纸性终带暗涩，置之热熨斗上，以黄蜡涂匀，纸虽稍硬，而莹彻透明。"[14]这里说明了硬黄与响搨最大的不同是硬黄直接将纸蒙于古法书上搨写，而响搨则是借助日光搨写，如遇高手制作的硬黄和摹本，常人很难分辨真假是非。其次，李日华还在崇祯七年对《瞻近、龙保贴》题跋，再次提到搨写三法。文中载："搨用三法。真迹明朗，用双钩廓填。其稍晦者用响搨，于暗室中穴墙留孔，如钱大，正当日光所注，以迹承其光而入就暗中精意勾之。若沉晦之极者，以纸性暗塞不能映取，则摊之热熨斗上，以蜡薄涂之，令纸发明，如明角鱼枕之坚透，而后用牛毛勾法，极意取之。俟大模就，而徐以墨填之，谓之硬黄，是搨法之极，攻苦者也。"[15]文中阐述了将搨写分成了三个等级，即双钩廓填、响搨、硬黄。对搨写真迹明朗者使用双钩廓填，搨稍晦者使用响搨，搨沉晦之极者使用硬黄。并提到硬

14　徐邦达等著、古兵选编《珍宝鉴别指南》，上海：上海文化出版社，1992 年，第 166 页。

15　〔日〕合山究编，陈熙中、张明高校注《明清文人清言集》，上海：上海科学技术文献出版社，2018 年，第 128 页。

黄使用牛毛勾法。清代周亮工《因数屋书影》中通过对当时人的制作方法推测硬黄与响搨的制作方法："今人不用烫斗涂蜡，但以油脂入少许蜡，搥薄侧，理既明徹，又不透渗，或用薄明角作板映而书之。硬黄似矣，惟响搨尚未分明。予在北海，见胶西张用之为人集右军帖中字作碑，先用硬黄法摹帖中字于纸，向灯取影，以远近为大小，若今人为影戏者。度其式合，就而双钩，然后实填，故一帖中字大小能相似。又幼时见新城王公修开封学，榜联皆集欧率更书，亦用此法。又黄山谷与人帖云：唐临夫做一临书桌子，中有抽替，面两行许地，抽替中置灯临写摹勒，不失秋毫。与予以灯取影之说合。以法书缣色沉暗，向日映之，特其一端耳。响有影响义，一作向。"[16]周亮工解释了硬黄纸涂蜡的目的。通过古人的记载推测响搨的方法，将影戏比之响搨，又提到黄庭坚信中所提及的唐临夫制作的灯箱。周亮工与张世南、李日华的相同点是将硬黄与响搨区分看待。

响搨技术在唐代达到顶峰，但随着传拓技艺的普及与传播却日渐衰落，也没有将完整的技术记载下来。宋代以后的记载也多是对前代推测性的论述，更出现了不同的解释。所以从众多史料中可以看出这里的"摹搨"与"响搨"本质相同，是否借助光源进行复制是最大的差别。如复制的原迹经过装裱，褙纸较厚，透光较差，这种情况下，就无法借助光源，可采用硬黄的办法。如原件未经过托裱较薄，便可以利用光源，使用透光响搨。

16　〔清〕周亮工著《书影》，上海：古典文学出版社，1957年，第133页。

二、响搨 传拓 颖拓之比较

响搨里的搨是专指以纸覆于真迹上而描之，即为拓本和书画真迹的影摹本，主要手法是笔摹手写。传拓是通过白芨水使纸张紧密贴合器物，然后用拓包施墨，呈现出黑纸白字的拓片特征，应用范围也更为广泛。两者所制作的对象不同，制作过程上也有着本质的区别。虽然响搨、颖拓都是以毛笔进行描画摹写，在制作形式上和艺术风格上相似，很容易被混淆，但从作品形式、笔墨手法、紧贴原物这几个方面看，却有着不同的工艺特点。首先，响搨的主要特点是摹搨，将纸覆于原迹上，通过透光对墨迹进行勾描。所摹对象以书法墨本真迹为主，勾摹后填墨在轮廓内，字迹为黑，达到书写的效果。颖拓则适用于碑文、金石、纹饰等，素材更具有广泛性。双钩后字迹为白，纸面为黑（阳刻与此相反）为特殊的拓片效果。两者在作品呈现的视觉上有很大的不同。其次，响搨与颖拓在制作上都是先以白描双钩，再墨笔填充，但是在毛笔使用技法上有着明显的区别。响搨制作者要求用笔精炼，熟知毛笔尖、面、勾描的运用，要具备深厚的书法基本功和控笔控墨能力，对勾摹者有着更高的技术要求，非杰出者不能。颖拓主要选用渴笔、秃笔，进行皴、擦、点、染，以勾画干点为主，更注重表现笔墨肌理的运用，在技法上丰富多变。其三，响搨以原迹为底本，必须以最大限度地紧贴原物为前提条件，力求与原件所表现的笔迹毫无出入、形神并重，是对真迹的复制。相反颖拓则可以对照临摹，可大可小，甚至可以脱离物体本身进行默写，是一种对照临摹的方法，不严格要求形状表现的准确性，更注重神似。

第七节　全形拓

相对于拓印碑碣刻石等平面，还有一种传拓绝技是为青铜器等留下立体形象，即对器物形象的全面展示"全形拓"。全形拓是以墨拓为主，结合绘图、剪纸、修饰等技术，运用素描透视原理，以墨迹的浓淡变化，尽可能地展现器物立体图形及真实质感的一种采用综合处理方式的传拓技法。全形拓兴于嘉道年间，由马起凤、释达受所创，后由陈介祺等加以发展，民国周希丁等又在采纳西方透视学及绘画技法的同时将这门技术推至高峰。他们的作品及著作代表了同一时期全形拓技术的发展最高水平，也对传拓时代风格的形成及分期研究提供了重要的依据。在全形拓未出现以前，金石器物大多以白描和摹勒其古器物铭辞原文的方式出现在古籍著录之中，而不具器物全形。全形拓出现后成为保存器物形貌全图与后人金石考证最为有效的方法。它与中国传统图像中器物的表达方式有很大的不同，其产生与当时的文化背景、西方的视觉冲击有密切关系，呈现更近似于西方绘画中的透视和静物素描理念，摆脱了清代以前青铜器等器物的器形样貌只能依托于绘画和线描版画图录的局限性，体现了金石学中对器物视觉观感、表现形式、理解方式的转变，同时墨色的浓淡变化所呈现出的立体感，也使得这一时期对器物形象的表现有了新的认知和体会。

一、什么是全形拓

全形拓的制作亦非写实，实质是在原器物上制作部分铭文和纹饰拓片，再通过个人对器形的解构、思考，进而重新组合出反映器物全貌的立体影像，最大的优势在于对器物完整形貌、质感、铭文及纹饰准确性的体现，其表现方式也更为复杂。全形拓不仅要求施拓者具有丰富的平面传拓基础和经验，同时在技法上费时、费工，在各类传拓技法中是最难的一种，不易被一般者所掌握，可分为分纸拓和整纸拓两种。清陈介祺发明分纸拓法。其方法是将器物的器身、耳、足等部分的铭文、纹饰分别拓出，然后用干净的毛笔蘸水划掉墨拓周围多余的白纸；之后，再按事先画好的线稿对照相应的位置拼粘在一起，形成完整的器形图。在其所著的《簠斋传古别录》也有相应描述："拓图以记尺寸为主，上中下高低尺寸既定，其曲处以横丝夹木板中，如线表式抵器即可得真。再向前一倾，见口即得器之阴阳。以纸裱挖出后，有花纹耳足者，拓出补缀，多者去之使合，素处以古器平者拓之。不可在砖木上拓，不可连者，纸隔拓之。整纸拓者，似巧而俗，不入大雅之赏也。"[17]此书详细地记述了传拓技法和全形拓的方法，并对全形拓的

17　〔清〕陈介祺著、陈继揆整理《簠斋鉴古与传古》，北京：文物出版社，2004年，第15页。

技术进行了完善，字字珠玑，述说明确，为清末民国金石传拓技艺论著的重要文献，被时人广为参考和运用。另《籀斋文笔记附手手札》《秦前文字之语》中也多处介绍了传拓青铜器铭文、全形拓之法。分纸拓要根据器物的具体形状，按需要把拓纸分解成若干张，覆盖在器物相应位置逐一捶拓，最后拼接缀合为全图。这种化难为易的方法大大推动了全形拓的流传。分纸拓上纸较为容易，但是拼接装裱需要一定技术。民国时期的周希丁则将整纸拓法踵事增华，注重焦点透视和光影变化并运用到整纸拓技法上。用一张纸在不做任何裁剪的情况下完成整个器物的捶拓，先用铅笔在纸上画出器物准确的线描图，然后对应器物具体位置，施拓过程中需在所绘线内随器形线条和花纹分段上纸和扑墨，每次移动不可过多。整纸拓费工且难度远大于分纸拓法，需要制拓者具有更高的总体把握能力，得到后人的一度推崇。两种方法各有所长也有短缺，无论采用哪种方法，最主要的是以尽量真实而准确地再现器物的原貌为准则。

清末因文人之尚古情结还衍生了全形拓与绘画相结合的艺术创作"博古画"。这类艺术创作以释达受而起（图 4.10），以古器物全形拓作为画面主体，并配以设色人物、花卉、瓜果、书画卷轴等有寓意的形象，墨拓与点染并举结合自然，其吉祥的寓意也为社会各阶层所普遍接受，是一种十分流行的时令绘画题材，使全形拓的内涵更加丰富、形式更加多样，也成为当时别具一格的新颖艺术。在其之后亦有所发展，并不断有人对其进行改进和创作，对作品内涵和图像的表达也产生了一定影响。

图 4.10 清 释达受《钟鼎插花图轴》

二、全形拓的制作

（一）绘图

　　全形拓第一步是绘制一幅原大器形的白描线图，器物的全形和透视的运用，以及对原器高和宽的处理都由绘图的线稿所承载，这也是制作全形拓最重要的基础步骤，更便于传拓者了解器物的整体面貌。传拓者绘画水平的高低也同时决定了全形拓的最终效果。首先将器物放置平稳，仔细观察所拓器物，分析器物，结合自然光线与器物形成的光影进行整体的布局和构思，并对器物结构进行细致研究，找出最能体现整个器物特征的角度和概括力。全形拓是在固定视觉下来表现三维视觉的，必须且只能有一个视觉焦点，无论制作者将焦点固定在哪一个部位上，都不能再行移动。确定角度后用尺等工具辅助测量原器的长和宽、上下口径以及见到的各部分直观尺寸（图 4.11）。运用素描结构方式在纸上精确无误地绘制器物形体和每个细部，要根据视点的不同有相应程度的缩短，来调整近大远小和器身各处的透视关系。线图画好后，再进一步推敲，确定无误后再用铅笔将线稿图复制到拓纸上，拓纸的尺寸要大于线稿图纸，或上部多留出一部分作为制拓器内铭文使用。无论整纸拓或分纸拓都要以线图稿为基本，画完后要保证比例自然协调，结构准确，忠实还原视觉角度（图 4.12）。随着科技的发展，现在照相技术和 3D 扫描技术都可以取代手工绘图程序，但是却缺少了与器物零距离的接触和沟通，拓片也会缺少古器的神韵。

图 4.11　用尺测量各部分尺寸　　　　　　图 4.12　绘制原大白描线图

（二）整纸移拓

全形拓上纸，一般从器物中间或重要纹饰部分开始。用手蘸白芨水均匀涂抹所要拓的区域，待干后，将拓纸按线稿对应部位用湿毛巾轻轻按压，使纸与器物紧密贴合，要注意纸张受水后的伸缩程度，控制好水分和力度。然后附上塑料布用棕刷排实，再用吸水纸垫衬，用打刷轻轻敲打，待七八成干后，便可施墨。上墨前可在宣纸上试拓几下，观察墨色的显色程度，淡墨轻上，制拓一段后要跟随器物的角度和光影变化，进行分段上纸和分拓，上纸不能贪多（图 4.13），移动部位不能过大，将纹饰以人的视线适当缩短，因器物都有弧形凸起，如不进行缩短，拓片展开后呈现的视觉效果较实际原器要宽。弧度一定要掌握好，每次移动都要自然衔接好纹饰线条，并始终要在所绘线稿内进行，要求接转自然、协调合理，保证纹饰的完整性和连续性。要注意在拓制一段后进行下一段上纸时，控制好湿毛巾的水分含量，避免将前段拓制好的墨迹浸湿造成洇墨。对墨色运用的掌握也极为关键，在施墨前要考虑光线问题，按器物各部分尺寸和大小比例，依光线的强弱和远近主次来处理。需制拓者在拓包一起一落中，时刻关注墨色浓淡渐变，在平面的纸上来表现其丰富多样的层次关系，器物凸出的部分要浓，凹下去的要淡，受光部分要用淡墨，背光部分就要用浓墨，分轻、重、浓、淡转变墨色，逐渐过渡。遇面面相邻要有深浅对比，明暗过渡处墨色要均匀，平缓自然。拓制后画面的点、线、面，黑、白、灰墨色层次要分明，突出纹饰的特点，更好地呈现出它固有的深浅、高低错落的变化，细部清晰明确，立体感强，使纹饰拓片有型而传神，凸显器物繁复华丽的造型纹饰和构图的整体性，效果自然协调（图4.14）。全形拓做好后还要拓器内的铭文，要将留出部位的拓纸对准器内铭文位置，结合光线明暗，上纸、上墨，使字口清晰，与器物整体效果及色调统一。

（三）补拓修饰

拓片揭下后可对扑子拓不到的地方进行局部的补拓和修饰。补拓时根据器物的弧度将硫酸纸剪制成相应的曲度，用小拓包蘸少量墨进行补拓，要加以控制遮挡和留白关系的变化，循序渐进，层层加深，经受反复捶拓而不墨透纸背，保持上墨的匀净，切忌追求速度。全形拓在表现全形时必不可少地会有绘画参与，用毛笔在墨色拓片的基础上补绘局部的缺陷，用

图 4.13　分段移拓　　　　　　　图 4.14　蟠虺纹尊全形拓

毛笔蘸墨后必须在相同的纸上进行试墨，笔尖水分和墨色合适方可施笔，墨色宜淡勿浓，宜虚不宜实，随机应变，要在直观上不见笔踪与器物整体的色调和谐，切不可在修饰的过程中造成画面积墨，笔调生硬，显得呆板突兀。全形拓在拓制过程中铭文、纹饰要尽可能地在原件上拓制，真实、准确地再现古器物的原始风貌，力求原器传拓，减少器外修饰。

　　全形拓是能传真的，器形是真实的，纹饰是真实的，质感更是真实的。它改变了传统对器物的表现形式，使金石学中的古器物图像进一步丰富、独立和便捷，也使得器物"因拓而活，因拓而美"，自身古拙简朴的美深得中国文人的心。精善的全形拓本，应是器形标准，有着自然空间的准确透视感。其次是墨色沉黯有神，楮墨相辉，呈现古雅肃穆、清晰立体的效果。虽全息时代接踵而至，看似淡去了它的存在空间，然而全形拓却仍具有无可替代的价值和独特的魅力。

第五章

拓片的装裱与保护

书画装裱是我国独特的传统技艺，是伴随着书画艺术的发展和需要而产生的，具有悠久的历史。传拓技艺与装裱技艺二者亦有类似相通之处，拓片也属于一种特殊的书画，随着传拓技艺的兴起，拓片的装裱也随着自己的特色轨迹发展起来，成为一门独特的技艺。装裱对拓片有着重要的装饰意义和很强的实用性，经过装裱的拓片我们称作拓本、裱本，不仅克服了材料本身脆弱的特点，也增加了艺术性，更便于收藏、观摩和摹写。

第一节　拓片的托心

拓片的托心是装裱工序的关键，有着自身的特点与要求，对字口纹饰的保护尤为重要，相比托心普通字画更加烦琐困难，在技术上也要慎重处理。在托之前，首先要细致地观察拓片的色墨，尽可能准确而全面地预测着湿后的变化情况，然后酌情进行固色处理，并采取不同的托心方法。如果不考虑这些情况盲目进行托裱，可能发生色墨晕染，甚至导致拓片被损毁。

一、预处理

拓片按颜色区分有墨拓和色拓，特别是乌金拓和朱拓墨色厚重，或是使用宿墨、劣墨拓制的作品，遇湿后极易发生跑墨，使画面受到污染，所以托裱前必须经过处理，检查墨迹是否会发生跑墨、晕色。方法是，用手指稍蘸一点清水，在拓片墨色处轻擦，注意千万不要把色墨擦到别的地方，以免污染画芯。如果手指上没有墨色痕迹，作品托裱时一般不会发生跑墨、晕色。但如果手指上沾染有色墨，无论轻重都要先进行处理。

对于跑墨的拓片，一般采用热气熏蒸的方法。在拓片正面垫一层干净的纸，将拓片与垫纸一同折叠起来装入塑料袋中，放入已上气的蒸锅内，蒸半个小时左右，取出后及时打开晾干。对于乌金拓或朱拓这类易掉色的作品，可使用涂刷胶矾水的方法，即用羊毛刷蘸取一定的胶矾水刷于墨迹或朱色表面，也可用喷雾的方法进行。通过施胶矾水拓片的纸张不仅纤维和拉力得以加固，墨迹表面抗水浸强度增加，不改变纸张外观。但要注意的是胶矾水中的胶液呈酸性，会影响纸张的长期保存，所以调配不宜过浓过厚，比例浓度以淡为宜，令画面稍微受潮即可，然后将拓片晾干。

二、配托纸

托纸一般为生宣纸，要求纸面干净、厚薄均匀、无杂质、无破损、无褶皱。托纸的厚薄要根据拓片用纸的厚薄而定，拓片厚则托纸可略薄，拓片薄则托纸可略厚，以与镶料厚度一致为标准。托纸四周要比画芯大出约 2 厘米，称作"废边"，用于打浆口贴墙。托纸要尽量选配整纸，如拓片过大，必须拼接，接口处要裁齐，尤其要把红口去掉。同时要注意，托纸与拓片用纸的帘纹横竖交叉使用，即如果拓片纸张为横纹，则托纸应竖纹使用，反之如果拓片纸张为竖纹，托纸就应以横帘纹方向使用，这样托好的拓片才更易平整。

三、托拓片的方法

"托"就是在拓片背面上浆并贴覆一层纸，以增加画芯强度，便于后期进行挣平、方裁、装裱等。同时也能使托心后的拓本保持字口纹饰的凹凸立体感和原有的面貌。拓片在拓制过程中由于器物字口和纹饰向内凹或向外凸，捶拓时会使纸张拉伸，出现褶皱和裂口，这些褶皱和裂口往往也是反映原器物最真实的写照。托裱时拓片纸张因浆水膨胀再加上排刷的推力，褶皱处容易延展伸开，这时不能按照书画托裱要求将褶皱展平，否则拓片字口和纹饰就会变形，失去原有神采，这也是与托裱书画最大的不同。拓片的托心有三种方法：即湿托法、飞托法、搭托法，无论采用哪种方法一定要先审视作品的具体情况，遵循托心时保持拓片的自然褶皱，凹凸纹理不受损，勿使拓片字口伸展、纹饰变形为原则，使托心后的拓片再现文字、图案的立体感和精神面貌。

（一）湿托法

湿托法就是直接在拓片背面刷稀浆水，然后覆上托纸的方法。这是最常用的一种托心方法，适用于不走墨、不晕色的拓片。具体操作如下：

将拓片画面朝下铺在裱台上，用喷壶喷洒少量清水，使之受潮略舒展，便于刷浆水。拓片因采用的纸张质地不同，喷洒的水量亦有所区别。如拓片为生宣纸，因其吸水性较大，可以适当多喷些水；如拓片极薄的棉连纸，其吸水性更小，可以不必喷水，且使用的浆水还应调制得略稠一些。

拓片润潮后，即可用排笔蘸稀浆水刷浆。湿托拓片时刷浆手法很关键，排笔所蘸浆水要适量，宜随刷随蘸，切忌太饱，下刷要轻巧，宜从拓片中间处下排笔，将拓片定位，然后从第一刷处开始，以"米"字形方向，由里向外慢慢刷，排笔要垂直下按，手腕轻重须柔和轻灵，要有回锋收笔的技法（图5.1），刷浆要均匀，遇墨迹褶皱处不追求展平，但墨迹四周空白处要平整，字口处有气泡也不能用排笔赶刷，会使字口变形失真，要用针锥刺破气泡，将气排出。刷过一遍后，迎着光线仔细检查一下，如有漏刷或未刷匀处，可再补刷。但不可一遍又一遍地反复刷，否则排笔与拓片墨迹摩擦次数过多，一是易使拓片字口纹饰变形，二是易刷起纸毛，三是易导致跑墨、晕色，四是易将拓片刷破。

图5.1 湿托法

刷好浆水后，用镊子将画芯上的排笔毛或其他杂质夹除干净。擦净拓片四周裱台上的浆水，左手握着已卷好的托纸中部，右手持棕刷，同时用手指夹住托纸右下角，对准拓片，留出废边，随即以棕刷上下运行刷合，左手随棕刷进度缓缓展开托纸（图 5.2）。上完托纸后，若水分过大，需要垫纸撤水。在上好的托纸上铺一张干净的吸水纸，用棕刷从中间开始排刷。这样做不但能吸走多余水分，还可以加强画芯与托纸之间的黏合。要注意的是拓片湿托后排实时不宜重刷，否则会破坏拓片正面凹凸的立体感。将托好的拓片整体翻转，正面朝上观察字口和纹饰是否有变形，如有变化可适当调整。

图 5.2　上托纸

排刷完成后，用排笔蘸少许稀浆水在托纸的废边上打浆口，贴上起子口。提起拓片，使其脱离裱台，将拓片上口贴在大墙上，挣平阴干。

（二）飞托法

　　飞托法是在托纸上刷浆，然后将拓片覆于托纸上的方法。操作时，先将拓片喷水潮润，再在托纸上均匀刷稀浆水，以干排笔或棕刷将拓片画芯正面朝上，轻轻覆于托纸上（图 5.3）。然后将画芯连同托纸一同揭起并翻转，使画面朝下，用棕刷排实，令画芯和托纸完全贴合。最后在托纸四周打浆口上墙绷平。

图 5.3　飞托法

　　飞托法用水较少，适用于拓片揭裱后或轻度跑墨、晕色的情况，且拓片画芯遇水少，伸缩幅度相应较小，从而可以减轻拓片整体的变形。但由于托覆时，排笔或棕刷直接刷在拓片正面，如果掌握不好，很容易将拓片戳破、弄脏，因此飞托法一般较少采用。

（三）搭托法

搭托法，亦称"干托法"或"覆托法"，适用于跑墨、晕色比较严重的拓片。

托心前先裁配好托纸和吸水纸，并将吸水纸卷起备用。搭托法所使用的浆水要比湿托法略稠一些。

操作时，先在托纸上刷好稀浆水，左手掀起托纸右下角，右手持卷好的吸水纸，展开少许，放入托纸下方，待上下纸边对齐，将托纸放下，双手分别夹住吸水纸两端，慢慢转展。也可以将吸水纸连同托纸一同抖起，使整张吸水纸铺垫在托纸下方（图5.4），吸去多余水分。

将拓片画芯正面朝下铺在案子上，稍喷水润潮。把刷有糨糊并撤去多余水分的托纸糨糊一面朝下，搭放在拓片背面，然后用棕刷将托纸覆到拓片上（图5.5）。再将拓片和托纸整体排刷一遍，然后将画芯翻转过来，

图 5.4　将吸水纸铺垫在托纸下方撤潮

图 5.5　搭托法

检查正面字口或纹饰是否有变形。其他工序同湿托法。

　　相比湿托法和飞托法，搭托法的技术难度更高一些，但更为安全可靠，一是可减少作品脱墨、掉色现象，二是可保持褶皱处不易被展开，更有利于保护拓片。乌金拓、朱拓，更适用于此法。

第二节　拓片的基本装裱形制

　　拓片的装裱形式多样，与传统书画装裱技艺融合，不仅强化了拓片整体审美观，使拓片艺术的表现形式更加多样化，展现出独特的艺术魅

力，也提高了拓片的文化价值，起到久藏传承的目的。装裱前须对拓片
拍照留档，审视拓片风格和使用的传拓技法，根据具体情况设定装裱形
制。拓片的装裱形制主要有折叠、卷轴、册页、线装等。

一、镶衬

镶衬方法适用于处理大幅拓片的保存。即是在拓片的背面衬纸后再
折叠。做法是将拓片的正面四周用糨糊镶一圈 6 ~ 8 厘米的宣纸条。准备
一张略大于拓片的宣纸，并覆于拓片背面，然后将四周余边折回，用糨
糊粘在拓片四周的镶条上（图 5.6）。衬纸镶好后根据拓片具体尺寸进行测
量，按照先上下再左右的顺序向中心折叠（图 5.7），以缩小拓片的平摊面
积，便于收藏，是一种最为简单易行的操作方式。要注意的是在折叠巨
大拓片的时候，需要灵活掌握，避免折叠层数过厚，会加重对折处受损，
导致折痕形成折裂。折叠好的拓片要搁置在牛皮纸袋或无酸纸袋中保存。

二、卷轴

整张拓片经过托心便可装裱成卷轴的形制。根据拓片的幅面大小可装
裱成立轴或手卷。经过装裱成卷轴的拓片作品平整硬挺，展阅收卷方便。

（一）立轴

立轴，又称"挂轴"，为竖式装，是常见且种类最多的一类装裱形式
（图 5.8）。立轴的基本结构包括画芯、天地头、左右边、隔水、圈档、惊

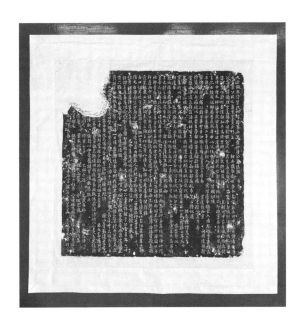

图 5.6　镶衬法

图 5.7　根据镶衬后具体尺寸折叠

图 5.8　拓片立轴

燕、锦眉等。装裱样式有一色裱、两色裱、三色裱、宣和裱等。

　　拓片经过托心后传统装裱工序可分为：方裁画芯→裁配镶料→镶接材料→齐边→转边→折贴夹口→上覆褙及包首→贴签条→贴搭杆→上墙→上蜡砑光→剔边→装天地杆→穿绳系带。

　　方裁画芯：即将上墙挣平后的画芯裁齐取正。其方法是将画芯铺在裁板上，画面朝上，先裁切一条长边，裁完后将画芯弯折，使裁齐的一边对齐，然后依画芯宽度，在未裁的一边用针锥扎眼。打开画芯，两点成一线，依针眼将另一边裁齐。再将裁切好的两条长边对齐，然后在左右两边以针锥扎眼标记，再次打开画芯，依扎下的针眼将两边裁齐。

　　裁配镶料：就是将已托染上墙挣平后的绫绢下墙、方裁。要依据画芯的大小、颜色裁配材料。立轴高度一般为 2 米左右，裱件高宽比大致为 3.6∶1。天地头比例一般为 6∶4，上下隔水、上下副隔水也同样。天地头、隔水、副隔水的高度根据裱件而定，一般隔水较副隔水稍高。画芯左右两条边规格相同，具体宽度根据画芯尺寸和裱件高度而定。

　　镶接材料：将裁配好的绫绢材料镶粘于画芯四周的工序。立轴镶接的一般顺序为先镶左右两边，再从内向外依次镶接上下隔水、上下副隔水和天地头。即一色裱的镶接顺序为左右两边—上下天头；二色裱顺序为左右两边—上下隔水—天地头；三色裱顺序为左右两边—上下隔水—上下副隔水—天地头；宣和裱为上下隔水—左右宣和小边—上下宣和小边—天地头。

　　齐边：由于裁切天地头、隔水的镶料时一般会预留一定宽度，镶接后其左右两侧较画芯尺寸稍宽一些，因此需要把两侧多余的镶料裁切整齐，使整个幅面四边规整均匀，卷起成轴后两端整齐如一。将镶好的画件铺在裁板上，把天头向画芯上端的镶缝或局条处对折，使天头的外边沿对齐画芯上侧镶缝或局条的边沿，对齐调正，压上尺板。依画芯左右两边镶料为界，用针锥在天头两侧各扎一个眼，眼要扎透，不能偏斜，地头使用同样的方法进行扎眼定位。然后将画件展开，用裁尺分别比齐针眼和左右镶料的边沿，将多余的边料裁下。

转边：将齐边后的画件卷齐，平放在案子上，左右两端用尺板压好，在两端距离边沿约 0.2 厘米处分别扎"通天眼"，展平后以针锥在作品背面用一把短尺从下到上依次比靠针眼，用针锥轻轻划出一道印，将边向后翻起，上稠糨糊粘平压实。

折贴夹口：夹口是用于包裹固定天、地杆的结构。夹口分为上夹口和下夹口。上夹口，即天杆夹口，天杆较细，底边宽约在 1.5 厘米，上夹口处绫夹口只需粘贴覆盖天杆一面即可，取 2 厘米宽，纸夹口纸需包裹天杆一周，因此取 6 厘米宽。下夹口，即地杆夹口，地杆直径一般在 4 厘米左右，绫夹口要求至少覆盖地杆的半周，取 6 厘米宽左右，纸夹口需包裹地杆一周以上，一般宽度取 14 厘米左右。

上覆褙及包首：覆褙是将两层纸覆托在镶嵌完成的画件背面，并上墙晾干挣平，使画件厚实而平展。覆褙采用干覆的方法，也叫"搭托"，这种方法比较安全可靠，尤其适用于跑墨、晕色、破损严重的书画以及尺寸较大的巨幅书画。包首是书画裱件卷起成轴时，露在最外层的织物，多使用托好的浅色绢料。加装包首不仅可以使书画收卷后露在外面的部分免受污损，还能够使裱件显得更加精美和高雅。首先，预先将托好晾干后的双层宣纸作褙纸。随后把包首裁切方正，先将一侧划印转边后，在包首背面刷上稀糨糊，转边处抹一道稠浆，另一侧未转边处留出约5厘米宽的范围暂不刷浆，以备转边。将画幅背面朝上润湿卷起，展开天头部分刷平，将包首翻转浆面朝下，使包首已转边的一侧与画幅边缘对齐，包首的右边缘与画幅上夹口纸边缘对齐。对准位置后，用棕刷稍排刷。翻转画幅，将包首未转边的一侧根据画幅边缘划印、裁边、转边，在包首未刷浆处补刷稀浆，并在包首转边处抹一道稠浆，随即将包首完全覆于画幅上。最后垫纸将包首整体排刷一遍，并墩实转边。上覆褙纸时要使褙纸右边缘准确地搭接在包首左边缘，其余步骤与"搭托法"相同。包首的宽度应比画件宽度多2厘米左右，用于包首两侧转边。包首的高度一般取22厘米左右，画件较大时可适当放宽。包首转边后两侧边缘无废边供刷浆贴墙，所以要在包首左右两侧各贴一托好的绫、绢条，称为"废肩"。在废肩正面刷稠糨糊，将废肩一半宽度粘贴在包首上，余下一半用于贴墙。

贴签纸：签纸用于书写作者姓名、作品名称、年代等信息，贴在裱件背面左上方，裱件收卷后恰好位于卷轴末端上方，方便查阅。签纸一般采用仿古洒金宣或仿古宣，宽约3厘米，长度约为裱件宽度的一半左右。

贴搭杆：搭杆是用来增加地杆夹口纸拉力的一种护条。搭杆使用与镶料同样的材料，一般裁成约2厘米宽、14厘米长的小条，上端可修剪成弧形或云头。贴搭杆时，在搭杆的托纸一面抹浆，将搭杆靠着画幅转边内缘，上端伸出下夹口以上约4厘米，贴在画幅背面底部左右两侧。

上墙：画幅经过覆褙、贴好签纸和搭杆就可以上墙了。上墙前，要先仔细检查一遍，看画面或褙纸是否有褶皱，镶缝是否有开裂，转边或包边是否平直规矩。然后在褙纸废边和包首废肩处刷浆，在地头下端贴起子口，即可上墙自然挣平一周左右。

上蜡砑光：裱件下墙后，经擦蜡，并用砑石推砑。砑光可使裱件韧性和密实度大大提高，不仅光亮平滑、柔软平整、易卷易舒、不磨损画面，而且还有一定的防潮作用。包首上先垫擦过蜡的宣纸，用光滑的砑石砑一遍包首，然后取掉宣纸，推砑褙纸部分。砑褙纸时，先单手握砑石轻轻趟砑一遍，然后双手握牢砑石，自右而左依次竖向推砑，可反复多推砑几遍。

剔边：书画在砑光后要将裱件两侧的褙纸余边剔去。方法是，先把褙纸废边沿着镶料边缘向上折起，使转边或包边的边缘露出一线，然后将废边折倒、压实。将马蹄刀斜立约30度，自右向左一段段向前推进，将余边剔掉。

装天地杆：立轴裱件上端用以拴绳、系带的条形木杆称作"天杆"，下端安装轴头的圆形木杆称作"地杆"，一般先装天杆，后装地杆。天地杆木质要笔直光滑，以不泛油、重量密度适中为宜。天杆长度同裱件作品宽度，两端以包首材料封头。装订绦圈一般为四个，中间两个绦圈的间距占天杆总长的十分之四左右，边缘两个绦圈的间距略小些。装订绦圈时，需将绦圈铜杆部分穿过天杆并向外侧弯折，最后把尾部倒插入天杆内，确保裱件挂起来不脱落。先把裱件正面朝下，天头朝外铺在裱案上。纸夹口打开，多余部分裁去，使纸夹口正好包裹天杆一周。把天杆平面向下，贴紧夹口线，放在绦夹口上，以天杆外侧为界，用针锥划线，取走天杆，折压转边。转边后在纸夹口边沿处抹浆，为避免裱件受潮，需在涂抹时垫尺板或宣纸。天杆移至夹口线处，绦圈朝上、平面朝外（即操作者方向），取正左右两边，用手按住定位，将纸夹口向前包裹天杆，绦圈处用裁刀割破，露出绦圈，无包首者直接压破即可。然后在绫夹口及转边外沿处涂满糨糊，双手捏稳立放的天杆，再将其倒合在绫夹口上，并用板尺靠在天杆后侧，顶靠杆身，用手轻压，使天杆与绫夹口黏合在一起。最后裱件翻转，使正面朝上，在天杆的平面垫纸，用手轻轻抚平压实，使无褶皱。装地杆时，地杆直径不宜过小，轴头大小也要根据裱件尺寸选配。需将地杆两侧制好榫头后，选用天地头的镶料封头并安装轴头。完成后裱件背面朝上、地头朝外放置在裱案上，把纸夹口左右两侧剪成斜角，避免包裹地杆时两侧伸出杆外，影响美观。地杆置于纸夹口边沿下方，为避免裱件受潮，地杆下再垫尺板，在纸夹口边沿处抹浆。将地杆移至夹口线处，使地杆与夹口线平行，两端与裱件两侧取齐，双手按压着向前滚动至接近纸夹口边缘处，把纸夹口边缘包贴在地杆上。在夹口线处涂浆，尤其左右两侧，并在绫夹口边沿抹浆。再将地杆滚回至夹口线处，稍按压，使地杆与此处糨糊黏合。最后翻转裱件，从正面先把夹口线处捋压平整，然后将绫夹口包裹黏合在地杆上。注意要使纸夹口和绫夹口紧紧包裹地杆，并使夹口的黏合处无褶皱、无空鼓。

穿绳系带：穿绳即是将圆形棉绳穿入绦圈内。将绦绳的一端折成双股，短绳头靠近裱件背面，长绳头靠近裱件正面，自左向右先穿过右边的第一个绦圈，而后将长短绳头一起穿过双股绳圈，拉紧形成一个结。再将长绳头向左依次穿过第二、三、四个绦圈。穿过第四个绦圈后，将绳头绕过该绦圈，从左向右再次穿入绦圈。最后收紧绷直整条绦绳，左右两端短绳头各留出约3厘米左右，剪去余料。穿好绦绳后，用天头或包首余料，裁切出约5毫米宽的窄条，将绳头包裹固定称作"封箍"。大幅裱件左右各封三道，小幅各封两道。扎带是系在绦绳的中间两个绦圈之间，书画裱件收卷后用来捆扎的丝带。系扎带时要以套扣为佳，以绕过裱件卷轴两周并有足够长度系扣为准。

（二）手卷

手卷，也称"卷轴""横卷"，是最早出现的一类装裱形式（图5.9），起源于早期的简册和帛书。手卷为横式长卷，适用于横长的拓片画芯（图5.10），卷起时体积较小，一般放在案头舒卷展阅，不用于展挂。

相比立轴，手卷的结构复杂。手卷的基本结构包括天头、引首、画芯、拖尾、隔水等。根据画芯、引首上下是否有镶料可以分为大镶手卷和小镶手卷。大镶手卷的引首、画芯和拖尾四周用绢、绫镶嵌，然后与

图 5.9　手卷外观

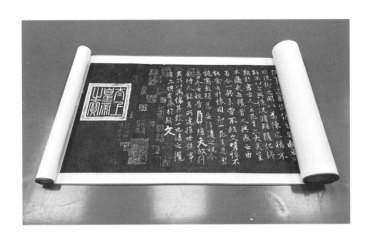

图 5.10　拓片手卷

天头一同以隔水相连，非常适用于画芯、引首、拖尾高度不同的情况。小镶手卷的画芯、引首和拖尾四周不加镶料，通过隔水直接连接在一起，最后再在右侧镶加天头。为了保护边缘不致磨损，手卷有三种边际处理方法，分别称为撞边手卷、套边手卷和转边手卷。其中撞边手卷是在上下两边镶接仿古皮纸，再对折粘牢，工艺较为复杂和烦琐，但由于其上下边缘与画芯厚度相同，更有利于手卷的保存。套边手卷是在上下边缘用薄纸包裹，转边手卷则是将上下镶料折回，这两种与立轴的边际处理方法相似。

手卷传统装裱工序可分为（以大镶手卷为例）：下料→镶连→削卷→撞边→覆褙→砑背装杆。

下料：手卷各部分的尺寸是以手卷的高度来确定的。隔水宽度为卷高的三分之一，天头长度为卷高的一倍半，引首长度为卷高的三倍，托尾的长度则视裱件情况而定，一般手卷总长不少于 7 米，画芯长，则拖尾稍短，画芯短，则拖尾稍长。将画芯方裁好后，引首、拖尾的高度要按照裱件设计尺寸方裁整齐，隔水可稍长于所需高度，待镶连后再裁切。手卷中所使用的绫绢、引首、拖尾等材料，在染托之后，均需刷胶矾水，并上墙挣平。如画芯为生宣，同样需要刷淡胶矾水上墙挣平。

镶连：镶连时，将方裁好的画芯、引首、拖尾的绫圈镶好。再将三条隔水分别反镶于天头、引首和画芯的左边。然后将天头、引首、画芯和拖尾一一镶接起来。在最右侧的隔水上连接一段长约30厘米的"包卷纸"，用于削卷时包裹手卷。最后按照画芯高度裁切隔水上下余料。

削卷：对手卷的上下边缘进行削卷修整，使手卷更加平直、规整。具体做法是：待手卷镶缝晾干后，在手卷背面擦蜡稍砑光。把手卷从右端尾纸处卷起，卷齐卷实，使成为一个圆柱形实心纸杆，并在最外端包卷纸处抹浆粘实，待干后即可用马蹄刀进行削卷。削卷时刀要快、手要稳，一般左手握手卷，使手卷与裱案保持垂直，左手转动手卷，右手平握马蹄刀进行推削。

撞边：两端削整完成后，将画件背面朝上放在裱台上，粘镶撞边纸。撞边纸一般为0.8厘米宽的仿古皮纸。上下两边镶粘完成并晾干后，再次将边缘打蜡、砑实，然后从尾端将其卷起，进行第二次削卷。待削整完成后，打开手卷，将撞边纸刷浆，与边口碰齐对折，保证不搭缝、不漏缝。撞边完成后，裁掉包卷纸，在隔水处抹浆粘贴天头。

覆褙：手卷覆褙前需要准备褙纸、锦包首、过桥纸和废肩等。手卷褙纸通常选择比较薄的宣纸，双层托合时无需拼接，飘干后在一侧裁切成"凹"口备用。手卷包首一般为仿古锦，宽约 25 厘米，背面上浆绷平，然后根据手卷高度方裁，或转边，或包边。过桥纸是粘贴在锦料边缘天头与褙纸之间的一段纸条，主要用于缓冲包首与褙纸之间的厚度差，一般裁成约 5 厘米宽的纸条。废肩用途与立轴废肩相同，长度与包首宽度相等。手卷覆褙一般使用搭覆法。用纸团蘸稀浆润潮手卷上下边缘后，将其正面朝下平铺在裱案上。从画件尾部开始，将覆褙纸上浆、撤潮，浆面向下放置在画件上方，边抖空画件边刷合褙纸。每覆完一段，用手卷棒卷起或者折叠，并覆盖塑料布减缓干燥速度。覆至最后一张褙纸前，需先上包首。覆完褙的手卷上墙时一定要保证手卷上下边缘的水平，传统一般使用拉线的方法，现在也可使用红外激光水平仪辅助打线。

研背装杆：手卷经覆褙在墙上至少贴两周，下墙后先要进行研活和剔边，方法与立轴相同，研包首时同样需要垫一层打过蜡的宣纸再研实。手卷末端的地杆称为"尾杆"，一般直径为 2 厘米左右，以木质为主。木尾杆是一段与轴片直径相同的圆木料。木杆两端粘贴轴片，使尾杆的总长度与裱件宽度相等。将尾杆取正、粘贴在托尾末端。轴片应紧实地嵌在尾杆两端，且高度与手卷卷起的高度相同。木尾杆也可不安装轴片，使用锦料包裹卷杆两端。手卷的天杆较细，需要在正中安装订书钉形状的铜纽，用于穿入八宝带。天杆两端用包首的锦料封头。由于锦料较厚，需将木杆两端削细一圈，使封头后杆身平直无凹凸。按照立轴装天杆的方法将天杆装于裱件天头。最后将八宝带一端穿入天杆铜纽，一端穿入别子孔内，两端均以细线缝合固定，长度以缠绕手卷二周半即可。

三、册页

册页是与书籍形式非常相似的一类装裱形制，主要用于一组或小幅拓片的装裱。册页主要有"蝴蝶装""推蓬装"和"经折装"三种形式，一般根据拓片画芯的不同规格，采用不同的册页装裱形式。蝴蝶装（图5.11）为左右开版翻折，即如传统书籍形式，自左向右翻阅，主要用于竖式画芯（图5.12）。推蓬装（图5.13）则为上下开版翻阅，主要用于横式画芯（图5.14）。从根本来说，两者只是翻阅方向上的区别，其装裱程序完全相同，都是先装成单开，再连接成册。经折装（图5.15），也称"折子装"，与上述两者不同，是前后折叠形成连续的页面，多用于书法、碑帖的装裱（图5.16）。

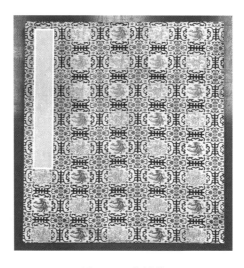

图 5.11　蝴蝶装

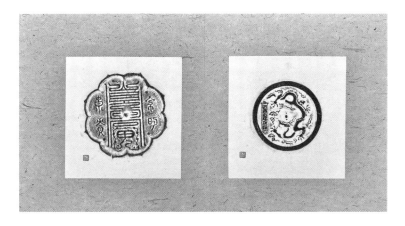

图 5.12　左右开版翻折

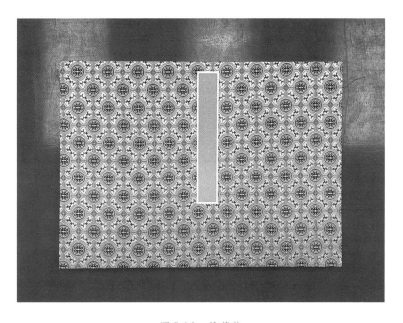

图 5.13　推蓬装

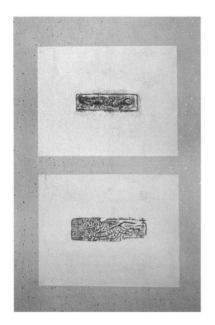

图 5.14　上下开版翻折

图 5.15　经折装

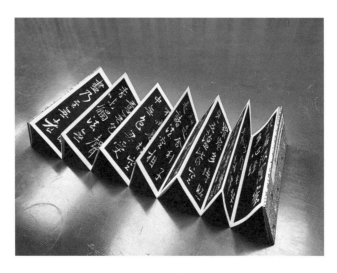

图 5.16　前后折叠

册页的装裱工序可分为：下料→托褙纸→镶覆→折页连册→装册面

下料：册页画芯四周的镶料，要根据画芯的内容、色彩进行搭配。一般多选用染色纸或洒金纸，取其素雅大方。蝴蝶装画芯四周镶料尺寸的配比原则是，天地高度总和约为画芯高度的四分之一，天边较地边稍高，左右竖边宽度相等，略宽于地边，但不能大于天边，隔心宽取 1.5 厘米左右。圆形画芯从画芯最突出处计算。推蓬装镶料尺寸与此类似，左右两边宽度相等，地边略宽于左右两边，上边可略宽于底边，或与底边相等，隔心取 1.5 厘米左右。经折装页面较长，一般每 5 页为一节（也称"两开半"）单独镶覆，然后再将各节相连。每页镶料的配比可参考蝴蝶装。

托褙纸：册页的褙纸又称"底纸""墩子纸"，要求厚重挺括。蝴蝶装、推蓬装的褙纸一般用 6 层单宣托合而成。前几层按照一般托纸方法即可，托至倒数第二层时，将宣纸分为两个半张，两个半张分别托合，中间留出 0.2 厘米左右的空隙，称为"分心线"，即中心线。然后再刷浆托合最后一层宣纸，排实、上墙晾干备用。经折装的褙纸使用 3 到 4 层单宣即可，不需要留中心线。其高度要比册页的实际高度多出 4 厘米作为废边。

镶覆：无论是蝴蝶装、推蓬装还是经折装，册页的"镶接"与"覆褙"是同时进行的，主要有"挖投法"和"五镶法"两种方法。两者的区别在于，前者使用整料挖嵌，后者则用五条镶料拼接而成。挖投法的方法是将方裁好的面子纸对折、压实，并在对折的中心线两端各剪一小角，未来用于定位。将画芯置于面子纸上，根据下料时计算的天地、边和隔心的尺寸摆正好位置，用尺板压住加以固定，然后用针锥作标记。取掉画芯，按照标记将画芯所占部分裁挖。将润好的褙纸正面朝上刷平，然后用排笔刷均匀地刷一遍稍稠的稀浆水。将面子纸对折，使折缝与褙纸的分心线对齐，先虚放，调正对准后贴实，使面子纸平展地敷于褙纸上。然后取画芯，从隔心的一侧开始，将画芯边缘与面子纸的边口碰齐，使既不压茬，又不显露缝隙，然后用手抚平。两侧画芯全部上好后，垫干净的吸水纸排实，仔细检查无质量问题，即可上墙挣平。五镶法指的是用上下天地、左右两边以及隔心的五条镶料将两个画芯镶接在一起。使用五镶法时画芯与镶料同样是碰缝，不能镶压。

折页连册：蝴蝶装和推蓬装需要将每开册页分别对折。将纸条稍润潮后垫在册页中缝下，借助尺子用竹起子尖端对准中线轻轻划动，将折印处对折起来并压实。然后把每开册页打开，按照设计规格裁齐一边（一般蝴蝶装选择上下边、推蓬装选择左右边），将册页再次折叠、摞放，撞齐折缝以及裁切好的一边。将起子尖端抹少许稠浆，插入册页之间，在与折缝相对的一边背面抹浆，将册页彼此粘连，粘连的位置以裁切之后正处于边口为宜。以重物压牢待浆干后，使用机器或者人工裁切。经折装一般借助专门的折板，将每节册页正反交替折叠，然后初步裁切上下两边，然后以稠浆连接各节，待浆干后再整体裁齐上下。

装册面：册页的封面为硬板式，有硬木面、包锦面等。硬木面多用红木、檀木、樟木等上好木料。包锦面是以木板或纸板做胎，以锦为面。将锦料喷潮，背面四周刷稠浆，放于胎板合适位置，并将正面图案调正，然后将四边包回，四角斜剪碰缝。再裁一张稍小于胎板的双层宣纸，同样喷潮、背面四周刷浆，粘于胎板内侧作为内衬纸。最后包锦面册页需要加贴签条，硬木面或镌刻或贴签均可。签条纸通常选用仿古色纸，裁为宽 3 厘米左右的小条，长度约为册页高度的五分之三。蝴蝶装和经折装的签纸应竖贴册面左上方，推蓬装签条贴在册面中间。

四、挖衬

挖衬的方法是根据拓片的形状及厚度在衬纸上挖裁，再用点浆法将拓片固定在纸上，再整体折叶。基本程序如下：

（一）将拓片喷水，为防止跑墨，可用间接给水的方法，将水喷在吸水纸上，压板压平即可。压平后进行方裁，方裁时四周预留一线，供后期挖衬时使用。

（二）选择与拓片相同的宣纸作为衬纸，衬纸的厚度会关乎书册的平整度，如果衬纸比拓片厚，就会造成书叶中间薄、四周厚的现象。如果衬纸比拓片薄，书页就会中间厚、四周薄。此次拓片为单数，留一面空白，因此衬纸为单页（图 5.17）。按照设计成书尺寸，将衬纸裁成单页纸，四周留出富余，喷水压平后，书口一侧用刀裁齐。

（三）将面纸裁成所需尺寸的筒子叶后，喷水压平，折叶压实备用。

（四）将方裁好的拓片放在衬纸合适位置，上压小砂包固定位置，沿拓片四周挖空，为保证衬纸和拓片严丝合缝，可向内缩进一线，将拓片边缘和衬纸一同裁下。

（五）将面纸放在透台上，把挖好的衬纸放入面纸的筒子叶内，借助透台，将拓片放在挖空处，上压砂包，四周点浆固定。随即放入压板内，防止点浆处抓皱。

（六）将粘好拓片的书叶整体加压，完全定型后装订成册，最后在封面贴签条，题字。（图5.18）。

图 5.17　书册内页　　　　　　　　　图 5.18　装订成册

第三节　拓片的装裱配色

拓片的装裱配色应使其本身所具有的内容美与装裱后的形式美相辅相成。色彩选配得当，能使拓片作品的内容、色调得到补充、延伸和协调，可以提高其欣赏价值。而色彩选配不当，则会冲淡作品的内在精神，破坏作品原本的色彩表现和艺术感染力。要实现较为理想的装裱色彩搭配，首先应当以一般美学的观点和技术方法指导配色，做到“违而不犯，和而不同”，另一方面还要根据拓片作品的墨色浓淡、线条变化以及拓片的内涵、寓意、构思和规格寻找适宜的色彩形制进行配色。然后确定装裱品式，进一步体现拓片装裱后的感染力和艺术价值。

一、拓片配色的基本原则

拓片作品装裱配色的原则是，镶料应与画芯色调和谐，且能够“突出画意”。这就要求，两者之间既要有主次之分，又要有层次感；既要有一定的对比，又要适当协调；既不能对比太强烈，也不能完全一致。

如果镶料色调与拓片的主体色调对比太强烈，而忽视了色调的协调，会让人看上去很不舒服。但如果两者的色调太协调一致，没有一点对比的话，也会让人感到画芯与镶料模糊不清，从而大大削弱作品的艺术感染力。

色彩的和谐原则就是色彩的异同整合原则。所谓异，就是指色相、明度、彩度互相区别和对照关系；所谓同，就是指色相、明度和彩度的相同与相近关系；所谓整合，就是色彩之间整体的相反相成关系。

色彩可以分为冷色、暖色和中间色，而在冷色、暖色、中间色中，又有深浅、浓烈之分。如果拓片主体和镶料在冷暖色调上有所对比，就要在两者的深浅程度上达到相对的和谐。反之，如果两者在冷暖色调上相对一致，就要在深浅程度上进行对比。而当一张拓片在画面中同时具有冷暖两种色调，则可以选配中间色调的镶料，且在深浅程度上有所对比，才能取得较好的效果。

当然，具体到不同风格作品、不同装裱品式，就要依靠装裱人员灵活处理对比与协调的统一问题，使拓片主体与装裱镶料相辅相成。

二、拓片作品如何正确配色

拓制不同的器物，拓片所呈现出的内容、风格也会给人以不同的视觉感受。如普通拓片以黑白为主，多呈现出文雅古朴的风格。如乌金拓墨色厚重，乌黑发亮，字口清晰。蝉翼拓，墨色匀淡，拓工精细。此类拓片画面除红色印章外，一般没有其他色彩，因此在设计拓片作品的配色时应以简单淡雅为主，不宜采用色泽艳丽或色调深重的镶料。

色拓作品题材相对广泛、色彩更加丰富，从色调上大体可以分为以朱色为主的单色调或配以青、绿、黄的其他色调。因此装裱此类作品时，首先应当根据作品的色调特点进行色彩的选配。注意拓片色彩与材料颜色对比之间的比例关系，切勿喧宾夺主。

一色裱、镜片、册页等装裱形式，四周镶料为一种颜色，相对来说颜色的选配比较容易，只求镶料与画芯主体色调和谐。但不要使作品显得单调乏味，应具有一定的层次感，有时再配合设计距条颜色即可。

两色裱、三色裱以及手卷（尤其大镶手卷）等结构复杂的装裱形式，其色彩搭配则更为复杂，需要考虑几种镶料颜色的搭配与综合效果。其中既有一定的基本规律，更多则要依靠装裱人员的灵活处理。

大镶手卷应先选定拓片画芯圈框的颜色，引首和拖尾的圈框使用同一种色调。天头宜取稍深色调为佳。三条隔水的色调要统一，并且要区别于画芯、引首和拖尾。小镶手卷由于画芯、引首和拖尾不镶圈框，配色相对简单，三条隔水采用统一色调的绫、绢，天头采用比隔水色调稍深一些的绫、绢即可。

另外一个需要注意的问题是揭裱修复的拓片作品。此类拓片色调更为陈旧，故应选配色调古朴厚重的镶料，忌用色调明快而艳丽的镶料，破坏旧拓片的庄重静雅之感。为了避免色调过于一致，可在两者的冷暖色调上进行对比。

书画装裱是"技"和"艺"的有机结合，精湛的技术是装裱的根基，而包括色彩选配在内的艺术修养则是装裱的灵魂。这就要求装裱工作者一方面注意磨炼自己的装裱技术，另一方面也要自觉提高自己的艺术修养。在装裱配色时，根据拓片作品的特点，结合自己的审美品位进行设计和选择。

第四节　拓片的保存与养护

一、保存条件

拓片属于纸质文物，因其材质关系，是藏品中较难保护的一类。主要病害可分为纸张病害和写印色料病害两类。纸张病害包括水渍、污渍、烟熏、断裂、折痕、酸化、微生物和动物损害等；写印色料病害主要包括脱落、晕色、褪色、字迹残缺等。控制好拓片存放环境，就是要放在适宜的环境中，做好预防性保护。

保存未经装裱过的小幅拓片尽量不要整张折叠，会增大纸张和墨迹之间的摩擦力，加速墨的脱落，时间过久折叠处会发生褶皱、变形、断裂、粘连等一些病害。最好是将拓片反面轻轻洒少许清水，拓片略有潮气，用干排笔轻刷，要注意的是原始褶痕不能随意打开，如果将这些褶皱打开，那么拓片上的图形、字口、纹路、粗细大小都会发生变形。要做到展平拓片，又要保留其原有褶皱，从而更好地保存拓片的原始状态和完整性。刷平后将拓片正反两面垫上宣纸，夹板上压力机，压两三日后，再将完全压平的拓片放入无酸纸袋内，登记编号。存放时以平摊或竖立为好，不要相互挤压过紧，要留有空隙。装裱过的拓片也要根据装裱的形式分类保存。卷轴类的拓片要装画袋或囊匣；册页类和线装类的要有函套；镜片类可前后夹无酸纸叠放或收卷放置于无酸画筒内。

其次还要控制好存放环境，尽量做到恒温恒湿。纸质文物最适宜的保存温度应控制在 18℃~24℃±2℃，温度波动数≤2℃；相对湿度应控制在 50%~60%±5%。湿度波动数≤5%。这样的条件，不利于微生物、霉菌的生长和繁殖。光照也是影响拓片文物的重要因素之一。阳光、白炽灯和荧光灯中的紫外线长时间照射会使纸张中的纤维素发生化学变化，纸张性能发生改变，拓片会出现墨色蜕变、龟裂、泛黄等现象。所以拓片的存放应远离紫外线直射，选择专业的以无紫外线辐射、冷光源为基准的照明设备。陈列展出时，使用无紫外线的光源或使用 LED 照明，光线不宜直射，光照度应≤50lx。紫外线相对含量值小于 75μW/1m。如不具有博物馆保管条件，控制湿度，可用干燥剂变色硅胶或无水氯化钙。控制温度，则可用空调调节室内温度。也可以采取自然调节的方法，若室内的温度指标过高，而室外气候比较适宜，可开窗通风，降温散湿。在室外气候不宜的时节，应紧闭门窗，减缓不良的气候干扰。如果门窗紧闭不严，可在门窗四周附加胶带，填充缝隙。在冬季比较干燥的季节，可通过在室内放置水盆，摆放多叶绿植，在地面洒水等办法调节。

二、小心取用

保存是为了更好地利用，对拓片作品进行欣赏和研究才是保存的最终目的和价值体现。而取放、欣赏、展示时如果操作不当或者环境不适，也很容易对脆弱的拓片文物造成损伤。在搬运、移动时须小心谨慎，轻拿轻放。在拿取前应洗净双手，或佩戴白色手套，以防汗液、油脂等污染作品。如佩戴戒指等饰品，应事先移除，避免刮伤作品。

取用卷轴类拓片时，应手拿卷轴中部，不能只提轴头，以免造成轴头脱落，如轴头本已松动，还容易造成卷轴掉落。取用册页类拓片时，应双手平举，捧在胸前。展开卷轴时，应事先在案台上铺垫干净的毛毡，避尘污避湿气，手握轴头徐徐展开，双手不可触及画面，展开后用丝绸等包裹的镇纸压住两端。册页类则要先将其放置在案台上，再轻轻掀开册页，动作要轻要稳。卷轴收卷时双手握轴，用力均匀，先松一些卷起后，再慢慢旋转轴头，使之整齐紧密不松动。捆扎画带时，捆系的力度一定要适度，太松画卷易松动，太紧则容易在画卷中间留下捆扎痕迹。扎带系扣时要系在天杆一侧的空隙处，以免结扣将包首或裱件压出痕迹。

近距离欣赏拓片作品时，要平放在案台上，欣赏者距离案台边缘5厘米以上，不能咳嗽，更不能吸烟、饮食，需交谈或介绍时，不要近距离正对画面，以免口沫飞溅污染作品。有人为了临时欣赏，将书画以图钉钉于墙上或以糨糊粘于墙上，万万不可取。

三、展挂得法

装裱后的拓片作品经常需要展挂，用于公众展览或者个人欣赏，展挂期间相比密闭保存时要面对更为复杂的环境条件，因此需要特别注意。

悬挂立轴时，首先要确认挂钉是否牢固，一般最好两人操作，一人双手托画轴，一人用画杆钩住绦带，随着画杆举高，轻轻将画展开，待挂好后再离手。移动悬挂的立轴时，须先将画轴摘下卷好，再移至合适位置悬挂，不能直接挑起移动。摘下画轴时，同样双人操作，摘下后放在案台上再进行卷收。

拓片作品应注意避免直接承受空气对流及阳光直射，不应悬挂在暖气和空调出风口附近，也不能正对窗户或者挂于窗户附近。展挂空间尽量使用低功率光源，并保持一定距离。另外，展挂期间应留意天气变化，遇阴雨或尘霾天气，应关门闭窗，有条件可使用调温调湿、空气净化设备，维持展挂空间的适宜条件。

个人展挂最好选择在春、秋干爽季节，如用于公众展览，最好保证展挂空间温湿度条件适宜。展挂时间不宜过久，一般每次不超过3个月。

展挂期间拓片除受温湿度、光照等自然条件影响外，立轴还要承受地杆下垂的拉力，长期受此应力不利于书画的平整，应定期卷收给予其"休息"缓冲时间。展挂一段时间后，可对拓片作品整体进行日常除尘保养，并随时观察有无虫霉等现象，如发现问题，应及时交由专业人员处理。

拓片作品因质地原因易于损毁，但保存、养护得当也可以千载流传，我国现在尚留存有千年前的书画作品，正是前人长期探索、不断总结经验并采取有效措施的结果。在拓片的日常保存与养护中，只要注意以上事项，常检查、多留心，就可以使拓片作品藏之有法，存之所得，免遭损失。

第五节　拓片的修复要点

拓片由于在制作工艺、材料、装裱形制等方面的特殊性成为纸质文物中一个独特类别，与普通书画装裱修复有着较大的区别。在修复拓片的过程中，如果随意将表面的皱褶打开，那么拓片上文字的粗细、图案的大小就会出现变化。所以恢复保持文字及图案的原始状态和立体凹凸是关键。要把握操作要点，具备更高的技术性，对病害现状做具体分析，对于不同情况要给予不同处理，尽可能少在拓片上添加修复材料，避免因过度修复造成保护性破坏，最大限度地保留拓片的原貌原裱，为今后的考证研究工作提供完整的资料。在拓片的修复中要注意以下问题。

一、清洗去污

清洁去污是拓片修复的一个重要环节，拓片类文物病害种类多样，常见有水渍、污渍、微生物损害、动物损害、黏合剂老化、墨色磨损等，形成的原因和形态也是千差万别。因此在清洁过程中要了解拓片文物病害成分与载体的结合方式，对文物进行病害评估，明确操作方法与步骤，根据具体情况区别处理。

物理清洁是去除表面灰尘和浮霉的首选，也是重要的开始。物理清洁法是以非化学方式去除纸质文物表面外来物或变质物，要通过选择合理的工具和适当力度的物理摩擦性，减少和去除表面的固定污渍。可选用柔软洁净的软毛刷。若拓片表面状态较为完整也可采用超细纤维除尘布或高效空气过滤（HEPA）吸尘器进行，会起到很好的效果。

清洗去污主要是以水为介质，移除纸质内的外来物或变质物。清洗去污可以去除拓片表面大部分有害附加物，清洗适当与否，不仅影响整个修复过程和作品的安全，还要根据拓片整体气色酌情处理，更要考虑到在清洗过程中保证拓片原始状态的完整性。清洗时不同水质的溶解能力有所不同，而且水在溶解带出污垢的同时，水中的物质也会部分残留在拓片文物中，因此清洗用水的选择尤为重要。一般来说，在书画清洗中应优先选择纯净水、蒸馏水等，而不能直接使用自来水进行清洗。拓片纸张表面附着墨色，石墨由碳元素组成，长期保存不当的拓片，碳原子容易走动，拓片上的墨迹情况在很大程度上影响着拓片文物的整体价值。所以拓片文物在进行清洗前，需对墨色进行水溶性测试，确定墨色遇水不会发生溶解、晕染，方可使用水进行去污。如有的拓片在施拓上墨过程中使用的是宿墨、劣墨，清洗过程中就会有掉色、晕色或跑墨的现象，清洗前必须先对色墨进行加固。加固最常使用的方法是刷胶矾水。胶矾水中明矾与明胶的协同作用，有助于提高墨色的固着力，增加纸张的机械强度等性能，但要根据拓片具体情况酌情调整胶矾水浓度，如果浓度过大极易造成拓片表面出现泛白情况，所以清洗前需固色的拓片文物应慎重使用胶矾水。

其次，清洗时水的温度在很大程度上影响清洗的效果和安全，尤其对于拓片类的文物，需要特别考虑。清洗时需用冷水或温水，而绝不能使用过热的水，清洗时间也不宜过长或长时间浸泡，否则像乌金拓的作品就会容易发生晕染和脱落，墨色附着力也会大大减弱，影响墨色牢固程度。还有在清洗过程中遇顽固类污渍暂时保留，不再进行彻底的清洗，绝不能使用化学试剂进行去污。使用化学试剂极易造成拓片墨色溶解，导致跑墨、晕色，会使纸张过分溶胀导致形变或失色破损，而且也会加速纸墨的降解和老化，且该反应是不可逆的，对其造成的损伤也是永久的。清洗的主要目的是去除书画中影响作品观赏和长期保存的有害物质，对于拓片类这种特殊的书画作品要根据具体的纸质和拓片类别，遵循能不洗则不洗、能少洗则不多洗或局部清洗的原则。

二、保持拓片文图原状

　　凹凸立体的质感是拓片的显要特色，修复过程中恢复并保持拓片文图内容的原状是修复的第一根本目的，要根据破损情况，慎重处理。拓片在拓制过程中经过椎拓，纸张遇水拉伸变形，纤维间氢键重新键合，干燥状态下就会保持立体凹凸的纹路。经过托裱后的拓片纸张会出现不同程度的硬化，字口图纹已经固定。如字口及图纹现状保留较为完整，可修复固定保持原状，确保修复过程中不再变形。如遇托裱欠佳，字体变形图纹扭曲，可根据原作所留存的信息，寻找资料作参考，适当调节部分字口及图纹，也可保持原样。如需揭心的拓片一定在操作前做好影像记录，并配以合适的命纸，命纸颜色要根据拓片整体色调及传拓类别进行选择，以宁浅勿深、厚度、材质、纹理相应相似，手工染色，与整体基调协调统一为原则。揭心过程中对于原装裱用浆较厚，或纸质脆弱者，尤其要小心揭取，要固定好拓片原件，不可用力强揭，否则会极易造成拓片受损变形。另外，还应注意揭心过程中拓片的潮湿程度，控制在小范围内进行揭取，用水务必均匀，避免水分蒸发过快导致墨色部分出现裂纹、起翘。揭心完成后，托心时拓片纸张因浆水膨胀再加上排刷的推力，很容易使褶皱处延展伸开或形成新的褶皱，还会增大纸张纤维间的张力面积，这时不能按照书画托裱要求将褶皱展平，否则拓片字口和图纹就会变形，失去原有神采。可用毛笔蘸稀浆水先刷拓片文字处，使之先吸附于裱案上固定字口，上浆时蘸浆水要适量，切忌太饱，手法要轻柔，不能出现字口变形和图纹位移。然后再刷周围，分次序刷浆水，减少受墨处与空白交界部分因纸质膨胀程度的不同而变形，最大限度地保持拓片文字与图纹的凹凸状态。托裱后也应及时翻面，并仔细观察，与揭芯前的影像资料进行比对，如有变形及时调整复原。

三、修补材料的选择

修补用纸的选配也是修复拓片的重要工序，必须建立在科学化和安全性的基础上。一是修补用的纸张材料必须与原作相同或接近，强度也应基本保持一致，起到不损伤原件、保护原件的性能、减缓老化等作用。补纸的选择要特别关注原拓用纸的延伸性及墨色的光泽度。不同纸张在湿水和着墨后延伸性不同，会出现不同程度的伸缩，选配补纸不当可能会与原拓用纸纤维材料互相排斥，导致修补后文物整体不平整，产生变形、褶皱、断裂的风险。所以需要在修补前做详细的分析与检测，选配合适的补纸。分析原拓的材料和工艺，了解其成分和特性，获取直观的结构形态，并以此为依据确定合适的材料进行修补，尽量做到精准、减少误差，为病害分析、修补材料的选择、保护修复技术路线的制定提供参考依据。二是补纸拓黑后的遴选。确定修补材料后，可用油烟墨、松烟墨、老墨块、墨汁等常用的传拓墨料对补纸进行拓黑制作，补纸拓黑后分别进行光泽度检测，明确拓片用墨种类，使其接近原作用纸，让补纸与原拓用纸的伸胀及墨色光泽尽可能的一致，也更有利于恢复被裱平的字口图纹。三是修补用纸也可以用比字口处颜色略浅纸张修补。对于不能确定用纸或文图缺损的地方，可统一用薄厚近似的白色宣纸进行修补，不做任何补墨，来区别于原拓片，不干扰对拓片的时代价值和特征类型的判断。四是在修补破损时补配材料与拓片叠压的边缘最好小于2毫米，纸张纤维走向要相同，糨糊的使用也应宁稀勿厚，避免局部修补的硬度影响整体修复效果。

对于折痕、折裂处的修补也应选择较薄的宣纸或皮纸。根据折伤的大小将补纸裁成2~3毫米长条贴合缝隙加固折痕、折裂。操作时要控制折条的干湿度和糨糊的浓度，糨糊不可过稠，水分不宜过大，否则会使修补处周边起翘不平整。同时也要谨慎操作，把握按压力度，避免造成折条断裂。局部修补后为防止出现水渍、褶皱、变形等情况，也可采用局部压平的方式，趁修补处仍处于潮湿的状态，纸张纤维松弛易伸展，垫上宣纸再利用重物对修补位置施加重力，让纸张保持平整形态，直至完全干燥，减少外在因素产生的不良变形。

四、复原或保留原裱旧貌

拓片的装裱形制多样，可以起到保护加固的作用，更便于欣赏和保存，有未经装裱的单幅拓片，有装订成线装的拓片，也有的裱为横批、卷轴、册页等形制。如果拓片本身状态良好，做简单修补后按原形式再予以保存即可。如拓片状态较差，亟须修复、托裱，要看是否有具体的特定形制或根据拓本的内容特点设计合适的装裱形制，经过专家商榷后方可操作。修复前也要仔细观察原作的装裱形制和所用材料，原裱材料基本完整并具有一定的历史艺术价值，修复后需根据原装裱材料与样式尽量予以修复复原。原装裱褙纸比较完好，只是轻微破损空壳，可保留原褙纸，对原褙纸的破损分层修补或添浆后再复原。轻微破损的锦、绫、绢如能原用，也同样如此，最好予以保留修复。若原装裱材料破损严重，已无法再次利用或不能维持原有状态，影响拓片长期保存，就要更换装裱材料，但装裱形制需参照原装裱的样式与尺寸，不能随意更改。对于特殊的拓片装裱在原裱材料写有题跋或钤印的，这种情况原装裱材料必须予以修复保存，也不能改变原位置。其次，在修复中若发现原裱内容错置颠倒、顺序有误的情况时，要及时取得保管单位及个人或相关专家的认证，待同意后，方可恢复其先后顺序，不可随意擅自处理。对于一些遗存且稀有的拓片，修复中则更需谨慎，并妥善处理，保留原裱材料，揭旧复原，最大限度保留原裱旧貌，用作研究早期装裱形制与用纸的重要实物资料。

拓片的修复要遵循其自身的特点和原则，明确保护修复的目的，而非美化处理，需了解其传拓方式与用墨种类，进行科学合理的检测分析。保护处理时要使用符合标准的黏合剂及材料，修补方法得当，最大限度地保留拓片字口与图纹的凹凸质感和肌理感。针对装裱也要理性地思考，做到最小干预，进行综合有效的多方面保护，更便于科学管理。

第六节　拓片文物保护修复案例

西藏博物馆藏罗汉拓片的保护修复

拓片的修复要遵循其自身的特点，技术的要求性更强，修复技法也要根据不同的情况选择具体的修复方案。此案例描述了一件西藏博物馆藏罗汉拓片的保护修复过程。此件拓片纸本画芯直接粘贴在白色背布上，四周以蓝色织物分段镶接装饰，兼有内地镜片装和西藏唐卡装裱的特点。但这种特殊的装裱形制在一定程度上导致拓片纸本画芯发生严重折裂、空壳、起翘等病害，通过将现代科技检测手段与传统书画修复、传拓技艺、纺织品修复相结合，对纸本拓片、四周镶料进行了局部修补、加固、平整等处理。修复后的文物状态相对稳定，基本达到长期保存、展陈与研究的要求。

一、基本信息

这件罗汉拓片为西藏博物馆藏三级文物，清代刻石拓本（图5.19）。画面呈现的是第四难提密多罗庆友尊者，其端坐奇石上，手持佛经，若有所思，泰然自若，仙风道骨，衣褶线条简练规整，形象生动逼真。原石为清乾隆二十九年（1764）据圣因寺本贯休《十六罗汉像》所刻，现藏于杭州碑林。杭州圣因寺藏本《十六罗汉像》据传系乾隆南巡时发现，被认为是贯休真迹，

图 5.19　修复前整体状况

乾隆亲自为其"排列次第，重译名号，各系以赞"[1]。传拓技法上采用的是乌金拓，墨色厚重，黑白对比强烈，形象题记尚可辨识，时代感强。

此件文物装裱形制特殊，整体纵135～136厘米，横55～56.5厘米。画芯部分为纸质拓片，纵113～113.7厘米，横47.7～49.2厘米，画芯直接粘贴在白色背布上，四周为蓝色织物分段镶接，镶料与背布并未直接粘贴，而是通过缝合边缘进行固定，即镶料内侧与画芯四周、背布三层缝合在一起，镶料外侧与背布同样以缝纫方式固定。这种形制兼有内地镜片装和西藏唐卡装裱的特点。

二、病害及保存现状

文物整体破损严重，经评估保存状态为濒危。画芯部分主要病害是折裂、残破、空壳、纸张脱落。画面遍布裂口，支离破碎，裂口主要由于画芯和背布两种材质干湿伸缩率不同所致，另外通过一些较大裂口的走向可推断，文物展卷造成的折痕等也进一步导致了画芯开裂。画芯与背布相粘，因年代较久，胶性渐失，多有空壳，空壳多发生在裂口处，导致裂口处进一步起翘、卷曲，甚至掉渣、残破（图5.20、图5.21）。画芯局部有黄色污渍，推测是背布污染所致。四周镶料主要问题是破损、残缺。织物表面有灰尘、污渍，纤维局部老化酥脆，左下角与右下角分

1 王霖《贯休十六罗汉图考——以杭州西湖圣因寺藏本为线索》，《新美术》2013年第5期，第34~52页。

别有一处较大范围的断裂与缺失（图 5.22），缝线局部断开，左下部分卷曲。另外上部镶料为浅蓝色，与其余三边镶料的颜色、质地差别明显，应为前人修补痕迹。背布保存状况尚可，整体褶皱不平，局部脏污（图 5.23），但物理强度足够支撑画面。

图 5.20　画芯局部残缺

图 5.21　画芯局部折裂

图 5.22　镶料缺损状况

图 5.23　背布褶皱与污渍

三、修复路线的确定

脆弱画芯直接粘贴于质地较厚的背布之上，两种材质干湿收缩率不同，是导致这件文物画芯脆弱破损的主要原因。消除这一隐患的修复方案是揭裱并改变装裱形制，在画芯后加托命纸，将覆背材料改为纸张，镶料仍使用原织物以尽可能保留原风格，并将整体裱为镜片装以减少展卷。但揭裱修复的问题在于，画芯现已支离破碎、十分脆弱，揭裱过程中很容易伤及画芯，进一步加重画芯的残缺。

另一种修复方案是原位局部修补，即不进行揭裱，只对起翘破损处回贴复位，缺损部位采用合适纸张以墨拓黑后从正面进行修补，以维持画面视觉效果。

在开展正式修复前，项目组召开专家论证会，听取专家讨论意见，最终决定采用第二种方案。通过最小干预方法，缓解目前的濒危状态，减少未来保存过程中的损伤，同时避免过度修复对文物原状的干扰以及在修复过程中可能造成的损伤。在具体实施方法和材料的选择上，遵循安全性和可逆性原则，以备将来有更合适的修复技术出现之时，可以安全、方便地进行再处理。

四、分析检测与修复用料的遴选

修复前首先对此件文物的纸张、墨料、织物等进行显微观察和分析检测，了解其成分、结构和特性，并以此为依据选择合适的材料进行修复。

1. 纸张纤维成分分析

捡取画芯掉落的纸张碎屑进行纤维成分和纤维配比分析。按照《纸、纸板和纸浆纤维组成的分析》(GB/T 4688—2002)，使用 Graff "C" 染色剂制成临时装片，在 XWY– Ⅷ 纤维分析仪下进行观察。纤维呈蓝紫色，较为僵硬，少有弯曲现象；可见典型的竹导管分子，导管较大，导管壁上有整齐的网状纹孔（图 5.24）；可见筛管，筛管较小（图 5.25）；未发现其他种类纤维。由此可知画芯纸张为 100% 竹纤维，即为竹纸。

竹纸紧致光滑，明清时期在印刷、传拓等领域有广泛应用。但目前可获得的现代竹纸相比此件画芯用纸略为厚重，经过试验筛选，最后选择宣纸中的六吉棉连纸作为补纸。六吉棉连纸相比普通宣纸和竹纸更为纤薄细腻，具有一定拉力，经过锤拓后不会像普通宣纸一样出现分层现象，同时帘纹也较接近，是此件拓片较为合适的修补用纸。

2. 墨色光泽度检测

为找到合适的墨料对补纸进行拓黑染色，使补处与原拓片墨色光泽度尽可能一致。选取现代油烟墨块、现代松烟墨块、清代老墨块、现代墨汁四种常用的传拓墨料，将补纸拓黑后分别进行了光泽度检测（图 5.26）。光泽度数据为三次测量的平均值。从表一可知，现代油烟墨块制

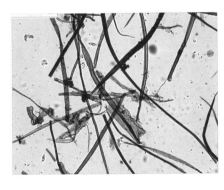

图 5.24　竹纤维及导管（200×）

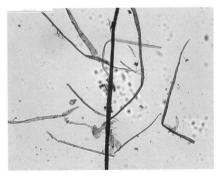

图 5.25　筛管（200×）

得拓片的光泽度与罗汉拓片最为接近（1.7 和 1.6），因此在修复时选择现代油烟墨块对补纸进行拓黑。

表一　　　　　　　　　　罗汉拓片与四种墨料拓片的光泽度

墨料	罗汉拓片	现代油烟墨块	现代松烟墨块	清代老墨块	现代墨汁
光泽度（85°）	1.6	1.7	1.2	2.1	2.1

3. 织物纤维和染料分析

使用近红外光纤反射光谱仪对背布和镶料织物的纤维和染料进行无损分析。光纤光谱仪为 AvaSpec-ULS2048XL，AvaSpec-NIR256-2.5TE；光源为 AvaLight-DH-S-BAL，AvaLight-HAL；光纤采用 FCR-19UVIR200-2-ME；校正白板 WS-2；光谱采集软件为 AvaSoft 8；光纤

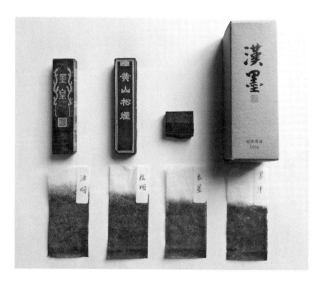

图 5.26　四种传拓墨料及相应拓片

探头直径6毫米。红外光谱仪为 Thermo Scientific Nicolet IS50，ATR 模式。

根据（图 5.27）可知白色背布为棉；上部浅蓝色镶料为棉；左右两侧及下部深蓝色镶料织物为动物纤维，根据光谱比对为丝。在织物的染料方面，通过光谱比对（图 5.28）识别出了蓝色丝和蓝色棉均由靛蓝染制，黄色丝由黄檗染制，红色丝来源于苏木，绿色丝为靛蓝和黄檗混合染制，紫色丝由靛蓝和苏木混合染制。

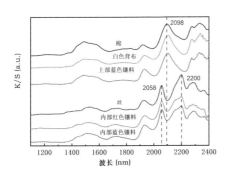

图 5.27 织物纤维近红外反射光谱

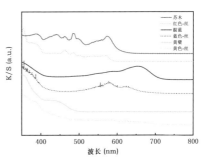

图 5.28 织物染料可见光反射光谱

4. 织物组织结构观察

利用视频显微镜 Zeiss Smartzoom 5 对镶料和背布织物放大 50 倍进行组织结构观察。左右两侧及下部镶料所使用的靛蓝色织物为二经绞罗。经线密度 26 根 / 厘米，纬线密度 10 根 / 厘米，经线投影宽度 0.1 ~ 0.2 毫米，纬线投影宽度 0.5 ~ 0.7 毫米，纬线由 5 根 Z 捻向的纱线合股而成，显微镜下观察有蓝色、紫色等不同颜色（图 5.29）。这种二经绞罗为纳绣普遍采用的地料。纳绣均采用纱罗织物为地，纱罗织物仅纬线相互平行，两组经线（绞经和地经）相互纠绞，织造时地经不动，同一绞组的绞经有时在地经的右方，有时在地经的左方，形成开口与纬线交织，这种组织有较大的孔隙。此件纳绣图案为中国传统海水江崖纹，色彩秀丽，针法灵活，线迹清晰，针脚整齐（图 5.30）。

上部镶料所使用的浅蓝色织物为平纹纱布（图 5.31）。白色背布放大 50 倍能清晰辨识为平纹组织（图 5.32）。

由于未找到纤维原料和组织结构与靛蓝色镶料均相同的修补材

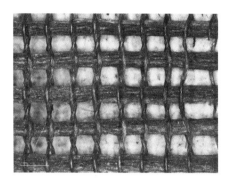

图 5.29　靛蓝色织物组织结构

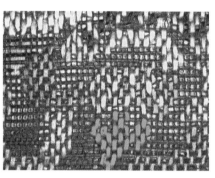

图 5.30　纳绣图案

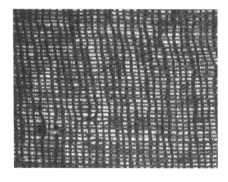

图 5.31　浅蓝色织物组织结构

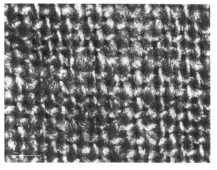

图 5.32　背布组织结构

料，最后选用与上部镶料较为接近的棉纱，经过靛蓝染色后作为修补材料。

五、拓片画芯的修复

1. 除尘、去污

拓片表面附着有大量尘土、浮灰、碎屑等杂质，在收卷过程中会加剧对画面的磨损，首先需要进行除尘。选用干净的软毛刷轻轻扫去浮在表面的尘土、碎屑，清除过程中避免将杂质扫入起翘的纸缝中。然后针对更细小的浮尘采用超细纤维布进行清洁（图 5.33），顺着纸张裂口方向轻轻擦拭，不能同一个位置来回反复，以免划伤脆化裂口。

拓片局部有明显污渍，因纸张脆裂破损严重不能进行大面积清洗，采取了局部去污的方法。首先对墨色进行水溶性测试，确定墨色遇水不会发生溶解、晕染，因此可以使用水进行去污。用棉签蘸纯净水轻轻擦拭污渍处（图 5.34），有的部位去污效果较好，但有的污渍与纸张纤维结合较为牢固，或者可能为非水溶性污渍，使用上述方法无明显变化。为保证文物安全，对于此类顽固污渍暂保留，不再进行彻底的清洁。

2. 回潮、回贴

拓片脆化严重，纸张柔韧度和机械强度等大幅度降低，易折易断，起翘遍布画面，呈"鱼鳞"状。如果直接进行修补，内部空壳起翘处会继续扩大，修补处也会再次开裂，因此首先要将画面所有起翘和空壳的地方进行回贴加固。

图 5.33　超细纤维布除尘　　　　　　图 5.34　局部去污

　　回贴前通过回潮使起翘处纸张恢复一定的柔韧性，避免回贴过程中纸张发生断裂，方法是令潮气与干燥脆化的纸张表面接触，慢慢渗透，使纸张纤维逐渐软化、舒展。取一张手掌大的宣纸，用喷壶均匀喷潮，以手触纸面略有潮气、又不会过湿为宜，将湿纸轻轻覆盖于拓片脆裂、起翘处（图 5.35），尽量使宣纸与拓片均匀接触。

　　等待几分钟后，起翘部分回潮、舒展，则可以进行下一步复位回贴。回贴使用小麦淀粉糨糊作为黏合剂，其性质温和，凝固后也较柔韧，且用水即可重新揭开，能确保修复的可逆性。用尖头镊子将回潮、展平后的拓片轻轻掀起，毛笔蘸稠糨糊均匀涂在相应位置的背布上（图5.36），再用镊子复位回贴，覆上干净宣纸轻轻按压。拓片上掉落的残片也按此方法回潮展平后原位回贴。

　　需要注意的是，回潮要从画面一端开始分小块逐步进行，每次回潮面积不宜太大。因起翘开裂处较多，一次性回潮过多，短时间内无法完成回贴导致拓片干燥，需要再次回潮，而脆弱的拓片纸张不宜经受反

图 5.35 局部回潮展平　　　　　图 5.36 稠糨糊复位回贴

复的干湿循环。

3. 拓纸、修补

运用传统平面传拓技法，将选定的六吉棉连纸拓黑作为拓片黑色部位的补纸。找一块干净的玻璃板，取适量白芨水均匀涂抹在表面，再将棉连纸覆在上面，用干净的湿毛巾按压，使纸受潮后舒展并紧密贴合在玻璃板上，撤潮排实。用小喷壶将扑子喷潮，蘸研好的油烟墨，在砚台上敲击，使墨和水在扑子上撖揉均匀，待纸干到七八成时是上墨最佳时机。施墨时，扑子应从左至右，从上往下，顺序进行，不可跳扑去拓，否则容易出现花斑和拓痕。扑子上的墨用完后，再重新喷水蘸墨。原作为乌金拓，因此补纸的墨色要适当加重（图 5.37），但不可出现积墨或墨透纸背现象，否则补纸会对白色背布造成污染。墨色大致合适后取一小块，于边缘破损处进行试验修补，观察颜色与光泽度是否合适。多准备几张墨色深浅不同的拓纸，便于根据原件画面墨色变化进行选配。

拓片画芯背面以较厚重的棉布作为背布，即使使用透光台，也很难清晰显现残缺处的轮廓，因此修补时只能凭借肉眼观察。按照缺损处形状大小，用手和镊子撕出合适形状的补纸，再将撕好的补纸背面朝上均匀涂上糨糊，用镊子将补纸轻轻按压于原件残缺处（图5.38）。趁补纸湿润，能够显现出补纸与残缺处的搭接边缘，用镊子将补纸重叠部分剔掉，保证补纸与残缺处厚度均匀。最后垫宣纸轻轻按压排实。

图 5.37　拓补纸　　　　　　　　　图 5.38　将补纸置于残缺处

文字、人物面部以及衣褶是修补的难点。整幅画面中文字有三处，分别位于左上、右上和右下，且都存在着不同程度的残缺和破损。对于残缺严重、难以辨识的文字在回贴后不再进行修补，但对于只是缺少个别笔画的文字，则参考有依据的、同类字形笔画，同时参照字与字之间的间隔和位置等，在相应部位使用拓黑的补纸进行修补。原本为白色的缺损部位，有两种处理方案：一是在相应处补上白纸；二是留空不补。考虑到此件拓片破损处背景为白色背布，留空不补不会对整体视觉效果以及长期保存稳定性造成影响，因此对于白色缺失部位不再进行补缺

（图 5.39、图 5.40 ）。

　　在修补罗汉人物面部时，需要斟酌五官整体构造、比例关系和多元的线条表现，使修补后缺失部分能与原作较好地融合（图 5.41、图 5.42 ）。罗汉穿着的袈裟也有大范围的纹饰破损和线条残缺，特别是下半部分细而窄、呈水波纹样式的图案，修补时既要衔接断裂衣纹的走向，又要把握线条的粗细，明确黑白色调的转变，使整件衣纹流畅，表现出袈裟厚实的质感和躯体的起伏变化（图 5.43、图 5.44 ）。

图 5.39　左上角文字修复前

图 5.40　左上角文字修复后

图 5.41　面部修复前

图 5.42　面部修复后

图 5.43　衣褶修复前　　　　　　　　图 5.44　衣褶修复后

六、镶料和背布织物的修复

1、除尘、去污

拓片四周镶料有明显的灰尘，右上角局部有板结变硬的蜡块（图 5.45）。灰尘的清理采用物理方法，将软毛刷稍稍润湿，然后沿着织物纤维走向，将隐藏和附着在纤维之间的灰尘向同一方向轻轻刷除。在此过程中注意软刷的湿度，软刷过湿灰尘反而会黏附在织物上，更难去除，其次也要及时清理软刷上的灰尘，避免二次污染[2]。凝固板结的蜡块用镊子轻轻剔除，以能清除污渍不伤及纱线为准，漏到夹层的残渣也要及时清理干净。

2. 回潮、平整

镶料局部卷曲变形，背布整体褶皱严重，需进行回潮平整处理，利

2　国家文物局博物馆与社会文物司．博物馆纺织品文物保护技术手册 [M]．北京：文物出版社，2009．第 76~99 页．

图 5.45　织物上凝固板结的蜡块

用纤维在潮湿状态下具有可塑性的特点，使织物最大程度地恢复到较为平整的状态。先将背布朝上，用纯净水进行喷雾，喷雾时水分不宜过大，循序渐进，随时观察背布回潮情况。静置一段时间后，再将画芯面朝上，对四周镶料进行局部回潮。回潮至合适程度后，轻轻调整织物经纬，将残缺、断裂、打结处的纱线用镊子仔细理顺，同时注意把握力度，避免损伤纱线。然后在拓片正反面各覆一层宣纸，放上压板和重物适当加压，待干燥定型后，去掉重物，织物即达到平整状态。

3. 染色

修补残缺织物前需对之前选定的补料棉纱进行染色，染色主要步骤包括：染前处理、配制染液、染色、平整。

染前处理：即去除棉纱里的杂质。使用棉纱重 30 倍的清水，加入棉纱重 2% ~ 3% 的烧碱精炼剂和 0.5% 的洗衣液作为辅助精炼剂。放入不锈钢锅中煮炼 1 小时，精炼时要不断翻动，精炼后充分水洗，晾干。

配制染液：将200g蓝泥加入3～5升水中，先后加入15克固色剂（氢氧化钠）和15克还原剂（连二亚硫酸钠）搅拌均匀至出现蓝色泡沫，将染液静置 1 小时。搅拌至液体呈黄绿色或者墨绿色，出现蓝色泡沫即可。

染色：将经过染前处理的棉纱在温水中湿润，然后展开放入染液。在染色过程中要不断翻动棉纱或不断振荡染液，使棉纱着色更加均匀，染色 10～15 分钟后干燥。将上述染色步骤重复一次，颜色达到与原件基本一致即可。

平整：将染色干燥后的棉纱平摊于工作台上，用海绵蘸取蒸馏水，均匀地按压于棉纱上，使棉纱浸湿。待全部浸透后，调整棉纱经纬方向，整形后再用海绵吸收掉多余的水分，用重物压放在棉纱边缘，干燥。

4. 修补、加固

断裂处的纱线采用稠糯糊连接复原，纱线经过回潮整形后，用毛笔蘸糯糊涂在断裂纱线的两端，再用镊子将断裂处夹紧，静置一会，松开镊子，断裂处即粘牢。其他断裂处也依此法一一进行。

镶料左下角和右下角缺失部分采用事先染成靛蓝色的棉纱进行修补。将染色、平整后的棉纱剪出与残缺处相匹配的形状，四周涂稠糯糊，置于残缺处下方，用糯糊将残缺处的纱线与补配的纱线连接。连接纱线过程中要注意避免补料或糯糊与背布粘连。然后按照未破损处镶料边缘的处理方法，将棉纱边缘内折形成双层，对齐上下两端，确定缝针的位置，使用深红色棉线和跑针法将修补处的棉纱与背布进行缝合（图5.46~5.50）。缝线不宜拉得太紧，否则容易起皱。

背布局部断裂处也采用糨糊粘接、棉纱加固，防止开裂加剧（图5.51）。

七、结语

织物修补结束后，对画芯纸质拓片及背布、镶料织物等进行第二次整体回潮、压平。至此，耗时近六个月的罗汉拓片修复工作完成，修复后的文物基本达到了较为完整、稳定、适宜长期保存的状态（图5.52）。

图 5.46　右下角修复前　　　　　　　　图 5.47　右下角修复后

图 5.48　左下角修复前　　　　　　　　图 5.49　左下角修复后

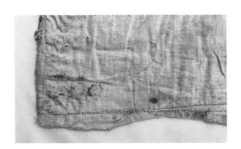

图 5.50　按原针法缝合固定

图 5.51　背布断裂处加固

图 5.52　修复后整体状况

修复后的文物应尽可能避免卷折，否则画芯脆裂、空壳处可能再次发生破损，建议以平摊方式进行存放。平摊可以使文物获得最大程度的放松，曾发生破损、经过修复的纸张和织物纤维无需承受外力的牵拉和叠压。根据文物尺寸，定制镜框式无酸保存装具，然后放入合适的文物柜或无酸卡纸盒。

第六章

国家博物馆传拓技艺的传承——师承制

师承制，即师带徒，通过传授传统修复知识与技艺，将师父的经验延续相传，使徒弟能够充分领会师父的专业素养与技能，并能理解掌握，具备独立操作能力，是培养专业保护修复人才和传承发展传统技艺的一种重要培养手段。它不仅是我国传统手工技艺行之久远且有效的传承方式之一，也是非物质文化遗产的一项重要内容。长久以来，传统技艺精尖人员的稀缺已是众所周知，无论是民间还是博物馆内，老一辈传统手工技艺人员也大多是沿袭着"手把手、口传心授"的师徒相承模式带出来的，这种形式也得到了时间的验证。近几十年"拜师"逐渐淡出了人们的视野，似乎销声匿迹。然而，对于有些门槛高实践性极强的传统技艺来说，不实际操作难知精髓所在，更何况其中存在很多是只可意会不可言传的奥秘，所以师徒传承方式具有科班教育和短期培训难以比拟的优势，也直接保证了师徒在技艺传与承上的严谨性。

2014 年起，中国国家博物馆从"人才立馆"出发，采取多元形式培养人才，结合本馆文物保护工作特点，在文保院实行师承制，开创了馆内传承和发展传统技艺良性循环机制的先河（图 6.1）。依托馆内经验丰富的老一辈文物修复专家，集各家所长，建立起以"手口相传、言传身教、因人施教"为特点的师承制，去除传统师承制的弊端，以徒弟奉茶、双方自愿签订合同的形式，对培养目标、师徒人员遴选、周期考核办法、出师标准等作了明确规定。馆内聘请具有副研究馆员以上职称、注重品德修养、在本领域有丰富经验的专家为指导老师。传承人则要求是具有大学本科以上学历、有一定专业理论基础和实践经验并且热爱此行业的中青年骨干。传承人在三年的培养周期中，严格遵守师父传授的操

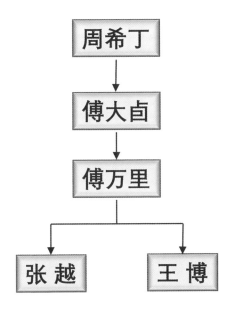

图 6.1　传拓技艺传承图谱

作程序及定式，领会精髓所在，需要定期接受一系列考核，以保证培养计划的有效实施，促进完整的持续传承。资深专家与青年骨干确立师徒关系，为传统手工技艺的传承与发展提供了制度保障，并赋予了新的活力和生命力，也为我馆人才培养作出了不可磨灭的贡献。

一、周希丁

　　周希丁，名康元，民国年间是北京琉璃厂古光阁经理，后曾在北京市人民政府文化教育委员会文物组摹拓古器和保管文物。后参加首都博物馆工作，负责摹拓古器物和文物鉴定。擅篆刻、传拓之法，曾为故宫博物院古物馆、武英殿、宝蕴楼等公藏青铜器传拓，一生从事篆刻摹拓事业。周先生苦心钻研传拓古器器形，又学习透视学，拓器精湛，精美绝伦，在全形拓技法上，以独特的视觉角度进一步将西方的透视技法、素描技法等应用到了全形拓之中，注重焦点透视和光影效果，通过墨色浓淡间的变化，达到器物的正侧和光影分明的效果，使图像的立体感结构比例大为增强（图 6.2、6.3）。不同于陈介祺采用的分纸拓方法，周希丁则用整纸拓方法，借助于西学焦点透视法使得从局部至整体的取形上有了较大的进步，各部分比例也更为合理。虽在拓制过程中大大增加了难度，但使作品形式更加完整，构图合理，体感强烈，所拓角度足以反映出该器的特征。在用墨上匀净苍润，浓淡相兼，既细腻又不干枯，是"周氏拓法"的独到之处。后整理出版的《澂秋馆吉金图》一书，还有一些拓片被郭沫若收录《两周金文辞大系图录考释》中，得到后人一度推崇，影响很大。从陈介祺所撰写的《簠斋传古别录》开始到周希丁，在全形拓技法发展中有了质的飞跃，是承前启后的关键人物。著名金石学家陈邦怀曾评价说"审其向背，辨其阴阳，以定墨气之深浅；观其远近，准其尺度，以符算理之吻合。君所拓者，器之立体也，非平面也，前此所未有也"[1]。后人评价他在用墨技巧上胜过释达受和陈介祺，堪称全形拓一代宗师。周先生篆刻治印不下五千方，印风古雅，更是自治许多手拓印。出版有《古器物传拓术》《石言馆印存》等。现存最早的周希丁拓片为甘肃天水出土的秦公簋，也是周先生在传拓这件器物时发现有

1 史树青《悼念周希丁先生》，《文物》1962 年第 3 期，第 60 页。

图 6.2　伯簋全形拓　　　　　　　　图 6.3　兔叔匜全形拓

秦汉间刻字各一行。这两行刻字经郭沫若考释为"西汉器一斗七升""西一斗七升大半升，盖"。传世拓本凡钤印"希丁手拓""金溪周康元所拓吉金文字印""康元传古""康元手拓楚器""希丁手拓散盘"等印者，皆是出自他手。国家图书馆、台北傅斯年图书馆所收藏的全形拓作品中有很大一部分是周希丁手拓精品。周先生当年所组建的民间学术团体"冰社"汇集了当时很多的收藏界人士、古文字学者及书画篆刻名家，对传播金石传拓和推进古文字研究等作出了可贵的贡献。

二、傅大卣

傅大卣先生是杰出的传拓名家、文物鉴定专家、篆刻家、书法家，曾任国家鉴定委员会委员、国家文物局流通文物专家组成员、北京市鉴定顾问、中国历史博物馆文物鉴定顾问和故宫博物院鉴定顾问。早年从周希丁先生问艺，追随先生二十余年，在周先生众多学徒当中，傅大卣成就最高，能传师法，尽得真传。傅大卣传拓手艺精湛，他深知器物所蕴藏的内涵，所拓器形精准，字口有序，墨色考究沉黝有神，是拓彝器的高手（图 6.4）。传拓古玉，润洁纯朴，富有质感。拓砚，细腻出纹，发墨如油，拓全形更是赏心悦目。传拓竹刻作品，浓淡得宜，虚实相间，境地清幽，能将竹雕原作之神韵展露无遗（图 6.5）。所拓作品使人置身其间，感受不同器物所经历不同环境所形成的独特质感。先生一生手拓钟鼎彝器、砚、印章、甲骨、玉、陶、铜、石器等数万件，传拓作品被王世襄先生赞为"妙拓"。在治印方面，其功力浑厚，稳健沉穆，所仿战国古鉨及秦汉印，苍劲庄重，朱文印纤细俊秀，工致隽美，尽得其中精髓。出版《傅大卣手拓印章集存》《古砚鉴定简介》《篆学丛书》，辑录《大卣集古录》，收集整理印谱万方之多。陈邦怀先生曾赋诗相赠，谓周门弟子，唯大卣能光大其业。可见傅大卣先生学识广博，才华出众。

三、傅万里

傅万里，中国国家博物馆文保院终身研究馆员、北京市文物鉴定委

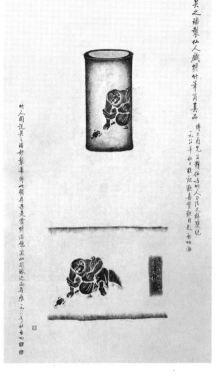

图 6.4　西汉青铜鋞（xíng）全形拓　　　图 6.5　吴之璠仙人戏蟾笔筒全形拓

员会专家、中国少数民族文物保护协会艺术研究院理事、北京印社研究
会会员。工作 45 年，从事文物传拓与书画临摹至今，为国家博物馆传拓
技艺的传承和延续奠定了深厚的基础。傅万里自幼随父亲傅大卣先生研
习篆刻、传拓技艺。20 世纪 70 年代初拜康殷、康雍先生为师学习古文字
与书法。其后曾得到商承祚、启功、王世襄先生等名宿指点，受益良多。
傅万里少习治印，后逐研习拓技，经其父亲的口传心授，研究透视关系，
顿开茅塞，潜心钻研全形拓制作技艺，并在传拓时不断探索、吸纳与融
合。在拓制不同器物的理解上有着灵活的转换和变通，墨色渐变的运用

和层次上的区分，使黑白灰的对比关系体现得惟妙惟肖，对鉴赏拓片铭文的形式感和墨质感的审美也有着独到的见解。作品肃穆古朴，用墨苍润，浓淡合法，层次丰富，制作的全形拓作品质量之精，当为此行中前列。先生曾经手拓国家博物馆馆藏珍贵文物后母戊鼎（图 6.6）、大盂鼎（图 6.7）、虢季子白盘（图 6.8）等重器，以及甲骨、碑文、墓志、玉石、陶器上万余件，并书写大量通史陈列及展览说明，临摹绘画及书法作品数百件。为馆内馆藏文物丛书《青铜卷》《甲骨卷》《玉器卷》《甲骨文金文集萃》《百年收藏精粹》《连云港孔望山》《外国古代钱币》等拓制拓片，提供拓片图文。其间还为故宫博物院、上海博物馆、中国人民抗日战争纪念馆、大同市博物馆、保利博物馆等制作拓片及教学。傅万里在做好本职工作的同时，也积极推动两岸文化事业的交流与合作。2009 年先生赴台湾讲授《全形拓的发展历程及制作方法》，展示了这一绝学，也让未能躬逢其盛的人，可以一窥其中奥妙，其间制作的三件青铜器全形拓作品被收入该所的精选数位典藏（图 6.9、6.10、6.11），并发表《绝学外传：以扑子作画的全形拓技法》(《古今论衡》第 20 期），对傅万里全形拓技法演示进行了准确的表达。傅万里在篆刻上也深受其父影响，从临摹古玺、汉印入手（图 6.12）勤学苦练，又经多位大师指点后，结合浙派、吴昌硕、齐白石等风格，古朴大方，别具魅力，形成自己独有的篆刻风格，并在国内外大赛中频频获奖，篆刻作品得到各专家学者的喜爱。2014 年傅万里先生正式收张越和王博为徒（图 6.13），两名弟子已在 2017 年出徒，并已熟练掌握平面拓及全形拓技艺，参与完成馆内外大量传拓工作。

图 6.6　手拓馆藏《后母戊鼎》

图 6.7　手拓馆藏《大盂鼎》

图 6.8　手拓馆藏《虢季子白盘》

图 6.9　青铜爵全形拓

四、张越

张越毕业于中国艺术研究院，获硕士学位，跟随导师王连起先生学习书画鉴定与文物保护，是中国国家博物馆文保院书画文献修复研究所副研究馆员，从事文物传拓和古画临摹工作。2010 年起追随傅万里先生学习传拓技艺，2014 年正式拜师。工作 11 年中，曾协助傅万里先生

图 6.10　青铜簋全形拓　　　　　　　　图 6.11　青铜尊全形拓

图 6.12　摹刻印章（部分）　　　　　图 6.13　2014 年师承制拜师仪式

完成大量馆藏重器的传拓工作，曾先后手拓后母戊鼎、大盂鼎、虢季子白盘、偶方彝等器物。传拓技法上基本功扎实，手法纯熟，对器物整体结构的准确性体现和落墨肌理的视觉效果有很好的控制（图6.14），在墨色分层运用上富于变化，立体感强烈，温润老辣。对边款、玉器、钱币的传拓更是古雅细腻、朴素沉厚，如见实物，凸显出作品最纯粹的美感。张越在古画临摹复制方面也是造诣精深，独立完成我馆馆藏一级品宋代《中兴四将》，合作完成天津博物馆一级品《水斋禅师像》的临摹工作，发表《青铜器铭文传拓偶得》《传拓中的上色工具——扑子》《玉雕传拓偶得》《青铜器全形拓技法初探》《明〈水斋禅师像〉题诗与题跋的临摹复制》等相关文章，对古代书法、篆刻有较高的功底和鉴赏能力，具备过人的综合素养。他研究传拓同时与自身专业相结合，所绘的博古画也是跳出常态，韵味十足（图6.15）。

五、王博

王博毕业于吉林艺术学院美术学院中国书画装裱修复与研究专业，获硕士学位，中国国家博物馆文保院书画文献修复研究所副研究馆员，中国社会科学院大学文物与博物馆专业硕士生导师。从事书画装裱修复工作15年，2014年正式拜师傅万里先生学习传拓技艺，跟随师父拓制馆藏青铜器、墓志、钱币、印章等拓片近千余件。经过8年的学习和实践，对传拓技艺有了直观、清晰的认识，在实践操作的细节上，材料的应用上，积累了制拓时对不同器物的处理经验。王博也有较强的美术

图 6.14　青铜鼎全形拓

图 6.15　博古画

功底，将传统全形拓技法与西画素描明暗立体关系的处理进一步具象化，把器物直观的图像视觉表现得更加细致，在体现前后关系与浓淡色调上凸显器物古拙厚重的风格，使画面效果和展示效果愈加立体，也取得了师父的认可（图 6.16）。为馆内馆藏文物丛书《甲骨文金文集萃》《外国古代钱币》拓制拓片，提供拓片图文。2022 年与中央电视台中国文艺报道合作拍摄《片羽重辉·精湛技艺守护历史遗迹》，展示传拓技艺。2023 年与中央广播电视总台新闻新媒体中心推出"开学第一堂历史课——金石传拓"主题节目。

　　笔者在书画装裱工作上也有较为丰富的经验，着重实践工作与理论相结合，略有所获，2019年独著出版了《书画装裱与修复》一书。2022年参加北京市职工职业技能大赛——文物修复师（纸张书画类），有幸获得总冠军第一名。同年荣获"北京市职工高级技术能手"。2023年入选北京市"第二届大国工匠"，获得北京市文物修复师纸质、书画修复师一级/高级技师职业技能等级证书。发表《不当清洗对古旧书画的损害》《残损折扇的揭裱复原》《西藏博物馆馆藏罗汉拓片的保护修复》《拓片的托裱与保存》《青铜器传拓实践中的感触》《全形拓的传承与实践》《拓本之照——颖拓》《墨影流传——拓片文物修复要点浅述》等相关论文三十余篇。成功申请国家版权局计算机软件著作《青铜器全形拓效果VR三维展示系统》《全形拓线描三维视觉预览展示系统》《文保书画模拟修复软件》。获得国家知识产权局实用型专利《一种基于硅胶球的精细传拓拓包》《一种镶嵌式书画装裱框》。

图6.16　牺首簋全形拓

六、总　结

　　传拓技艺是中国优秀的非物质文化遗产，大力培养传承人对传拓技艺的传承和发展具有重要意义。傅万里先生也为传拓技艺这项非物质文化遗产的传承发扬作出贡献，在传授技艺上把职业道德、文物安全放在首位，以如实传播所拓器物的完整信息为出发点，用严谨的科学态度，建立符合传拓技术规范的操作原则，结合两个徒弟其自身的特点采取"因材施教"的教学方法。他言传身教，毫无保留地分享自己几十年积累下来的经验，从基本知识技能抓起，进行阶段性的学习，逐步加深难度，在实践中掌握传拓技艺的精髓。傅万里先生更是在传授技艺的同时，严格要求我们，并以身作则传达了"三帮一带"这一思想。他告诫我们从事这项工作时必须具备使命感、责任感，对文物敬重敬畏，一定要把传拓技艺以正能量的形式继续传播出去。还强调传拓技艺不是简单的重复，它也是一门综合艺术，需要不断地提高自己的艺术修养、美术功底，积累文史知识，才能在传拓中提升审美能力，形神兼备。同时在学习的过程中拓宽实践道路，结合当代科技的新兴技术探索出效率更高、更多元的传拓实践手段和新方法。

图　版

一、馆藏青铜器传拓作品[*]

傅万里　张越　王博手拓

二、作者传拓作品

---

* 选自中国国家博物馆、中国书法家协会编《中国国家博物馆典藏甲骨文金文集粹》，安徽美
术出版社，2015 年。

一、馆藏青铜器传拓作品

尹舟簋　商　高 15.8 厘米　口径 22.8 厘米　足径 15.7 厘米

口沿下纹饰拓片

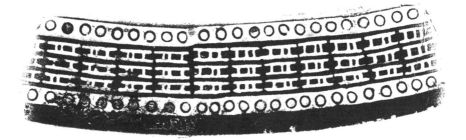

圈足纹饰拓片

作册般鼋 商　高 44.3 厘米　口径 27.2 厘米

㊛祖丁尊　西周　高 24.6 厘米　口径 19.8 厘米　底径 13 厘米

禽簋 西周 通高 13.6 厘米 口径 19.2 厘米

尧公簋　西周　高 12 厘米　口径 18 厘米　底径 13.6 厘米

腹深 8.5 厘米　两耳间宽 21.6 厘米

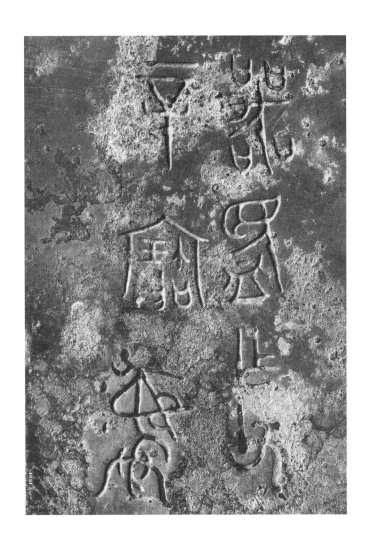

鄂监簋　西周　高 17.6 厘米　口径 15.5 厘米

旅鼎 西周 高 22 厘米 口径 17.2 厘米

駓麤塵甗　西周　高 40 厘米　口径 26.9 厘米

簋甲盖铭

禹簋（两件） 西周　簋甲通高 21.5 厘米　口径 20 厘米

簋乙通高 21.5 厘米　口径 20.5 厘米

篮乙盖铭

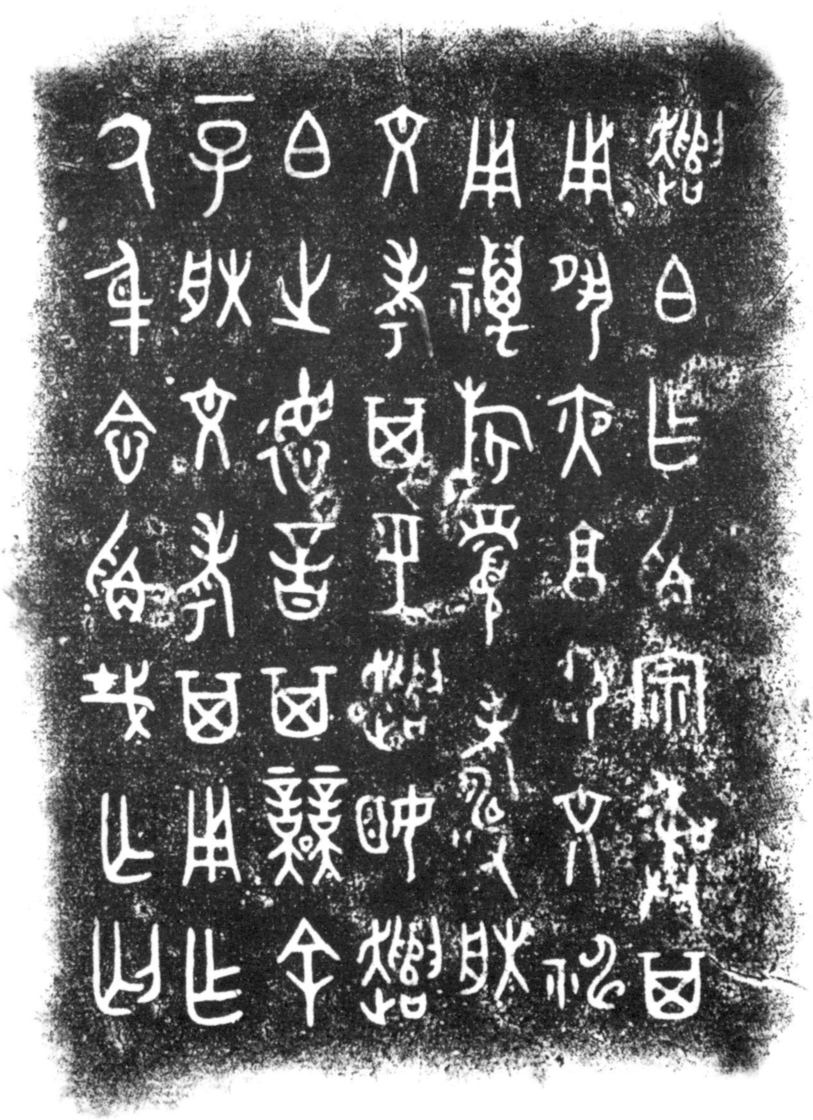

狱盘　西周　高15.5厘米　口径38.7厘米

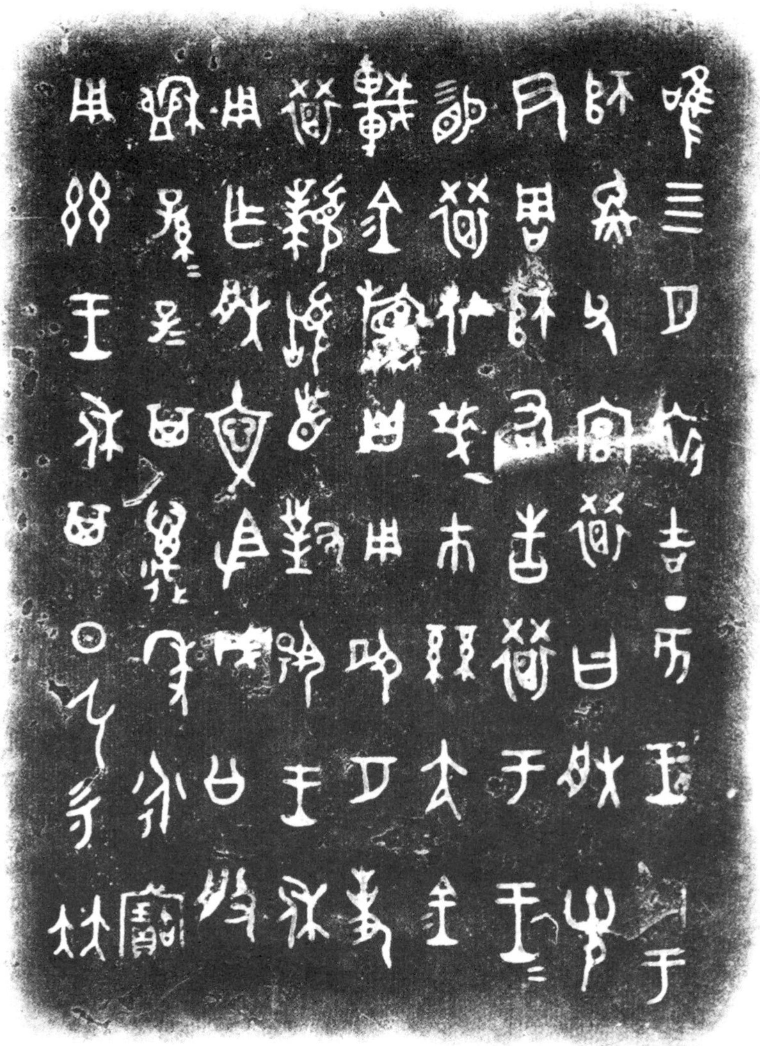

南姞甗 西周 高50.5厘米 口径33厘米

晋侯簋　西周　高 18.8 厘米　口径 17.3 厘米

长由盉　西周　高 28.2 厘米　口径 17.5 厘米

召簋 西周　高14.5厘米　口径21厘米　耳宽27.8厘米

楷侯贞盨 西周 长34厘米 宽18厘米 高18.5厘米

颂壶　西周　高 50.8 厘米　口长 20.3 厘米　口宽 17 厘米

曾侯宝鼎（两件） 春秋　鼎甲高 31.1 厘米　口径 38.9 厘米　耳径 42.3 厘米

鼎乙高 30.6 厘米　口径 37.3 厘米　耳径 40.9 厘米

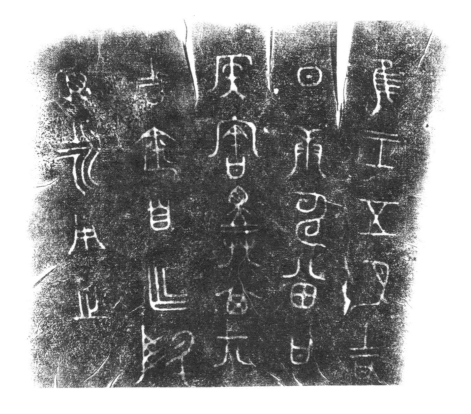

许公簠（两件） 春秋　长 34 厘米　宽 21 厘米　高 18.4 厘米

楚王鼎　春秋　高 38.2 厘米　口径 31.8 厘米

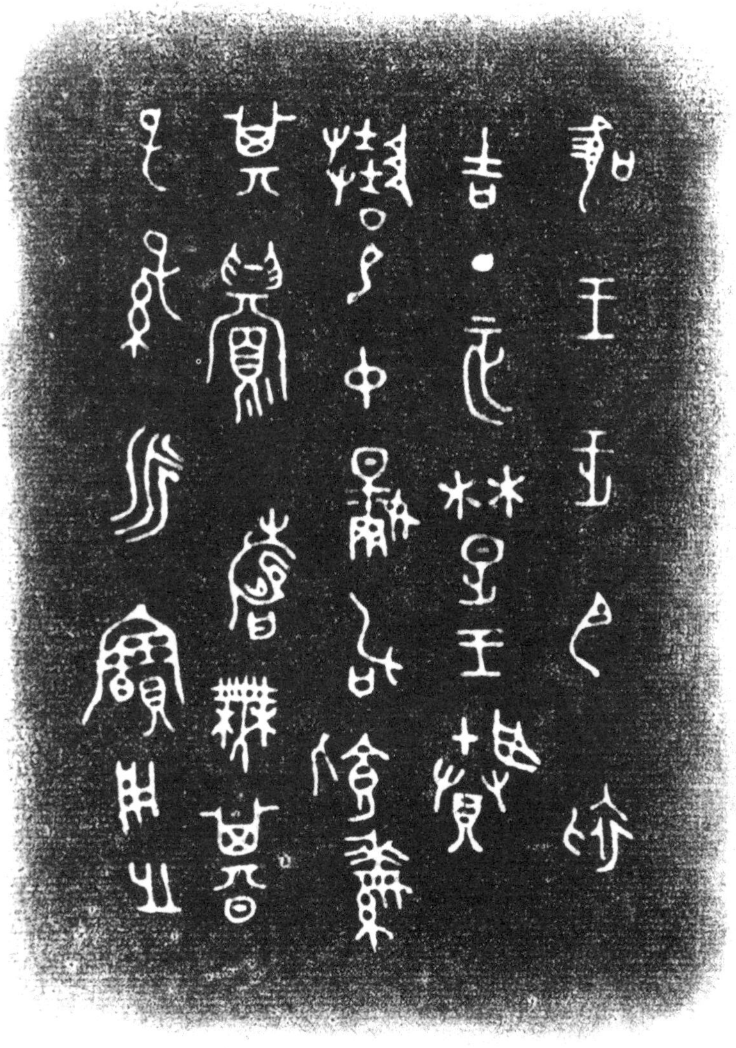

工盧大叔獻矣工盧剑　春秋　残长 17.8 厘米　格宽 5.1 厘米

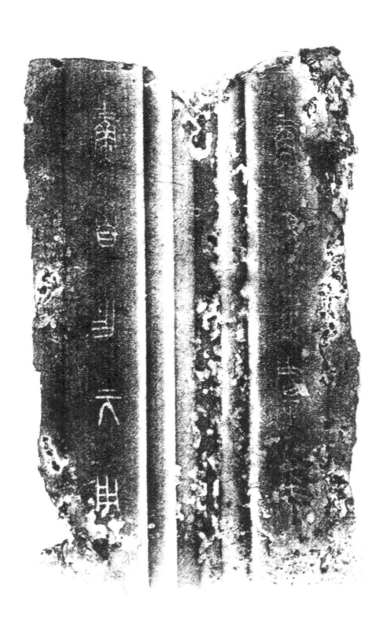

王子臣俎　春秋　高22厘米　长30厘米　面中宽13厘米　面边宽15.5厘米

后母戊鼎 商 高 133 厘米 口长 112 厘米 口宽 79.2 厘米 重 832.84 千克

大盂鼎 西周 高101.9厘米 口径77.8厘米 重153.5千克

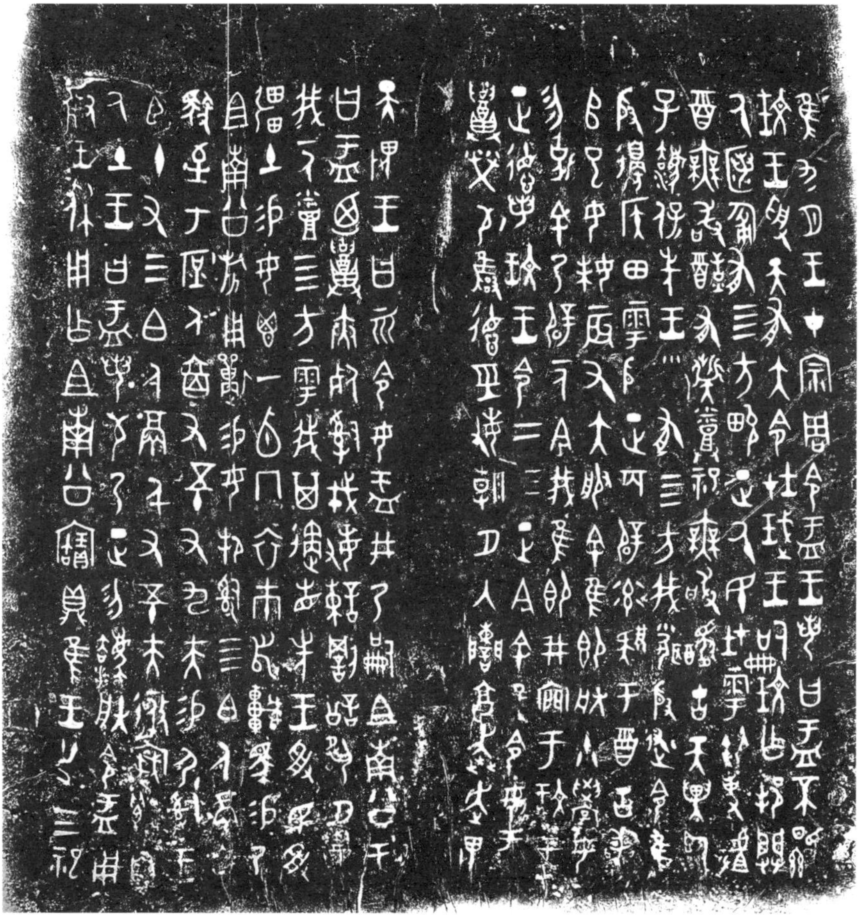

虢季子白盘　西周　高 39.5 厘米　口长 137.2 厘米　口宽 86.5 厘米　重 215.5 千克

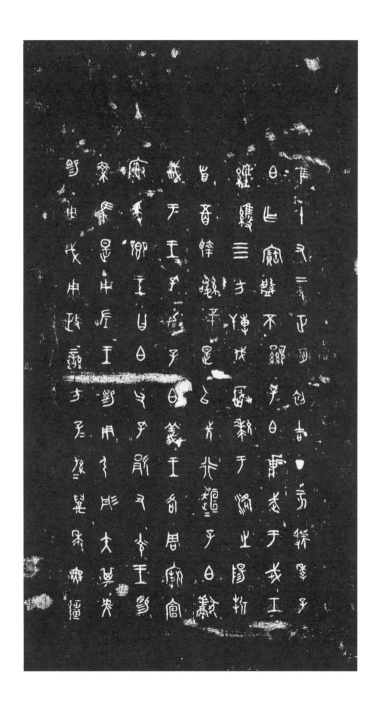

二、作者传拓作品

蟠虺纹尊（复制件） 全形拓

天亡簋（复制件）　全形拓

鸟纹簋（复制件） 全形拓

牺首簋（复制件） 全形拓

齐侯子行匜（复制件）　全形拓

象尊（复制件） 全形拓

伯簋（复制件） 全形拓

爵　全形拓

人面盉（复制件）全形拓

铜鏚　全形拓

颖拓　青铜鼎

颖拓　青铜盘

颖拓　青铜壶

颖拓　青铜簋

青铜器　纹饰拓片

青铜器　铭文拓片

青铜戈 拓片

青铜镜 拓片

青铜镜　拓片

青铜盘　拓片

維
大明崇禎十一年歲次戊寅四
月甲午朔二十七日庚申
皇帝制曰天子之眾子封為
親王之眾子封為郡王世
世襲傳此我

太祖高皇帝之制也朕祗承
祖訓篤敦親親兹命蜀府富順
至深長子平陸襲封為富
順王尔其恪勤忠孝率循
禮法以膺寵命欽哉

铁钟 拓片

墓志　拓片

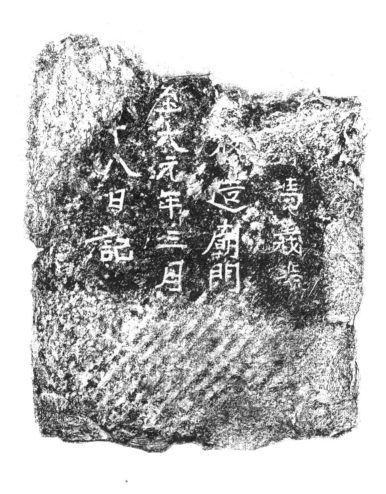

石刻 拓片

画像砖　拓片

甲骨　拓片

竹刻　拓片

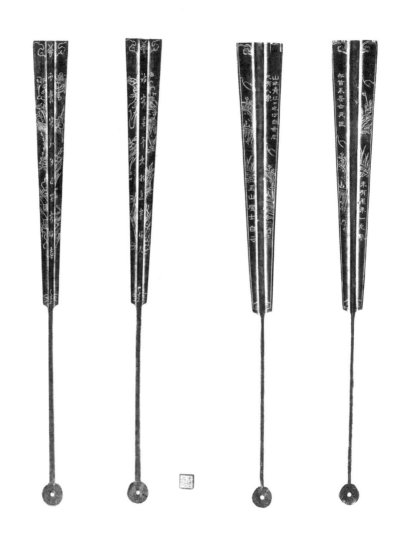

扇骨　拓片

扇骨　拓片

瓦当　拓片

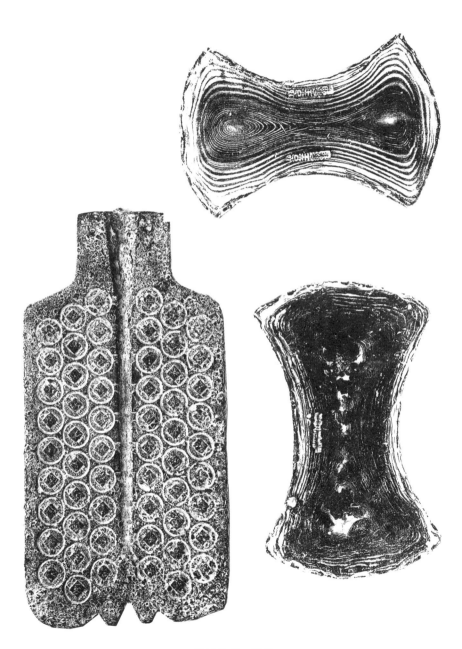

钱锭钱范　拓片

外国钱币 拓片

参考文献

[1] 〔唐〕张彦远《历代名画记.卷二·论画体工用搨写》，上海：上海人民美术出版社，1964 年。

[2] 〔唐〕魏徵《隋书·志第二十七卷三十二》，北京：中华书局，2000 年。

[3] 〔唐〕张彦远《法书要录》，杭州：浙江人民美术出版社，2019 年。

[4] 〔宋〕范晔撰《后汉书》，北京：中华书局，2007 年。

[5] 〔宋〕晁说之《墨经》，《中华百科经典全书》（22），青海：青海人民出版社，1999 年。

[6] 〔宋〕赵希鹄撰《洞天清禄集》，北京：中华书局，1985 年。

[7] 〔宋〕周亮工著《书影》，上海：古典文学出版社，1957 年。

[8] 〔清〕陈介祺著、陈继揆整理《簠斋鉴古与传古》，北京：文物出版社，2004 年。

[9] 谢永芳编著《韦应物诗全集》，武汉：崇文书局，2019 年。

[10] 尹占华校注《王建诗集校注》，成都：巴蜀书社，2006 年。

[11] 谢维扬、房鑫亮主编，骆丹、卢锡铭、胡逢祥、李解民副主编《王国维全集》（第 14 卷），杭州：浙江教育出版社，2010 年。

[12] 张宏儒、罗素《中华传世奇书》（卷二），虞龢《论书表》，北京：团结出版社，1999 年。

[13] 李国钧主编《中华书法篆刻大辞典》，长沙：湖南教育出版社，1990 年。

[14] 曹之著《中国印刷术的起源》，武汉：武汉大学出版社，1994 年。

[15] 漆剑影、潘晓晨编著《中国历代书法名句简明辞典》，黄伯思《东观余论》，北京：中国旅游出版社，1996 年。

[16] 杨成寅主编、杨成寅著《中国历代书法理论评注·宋代卷》，杭州：杭州出版社，2016 年。

[17] 徐邦达等著、古兵选编《珍宝鉴别指南》，上海：上海文化出版社，1992 年。

[18] 〔日〕合山究编，陈熙中、张明高校注《明清文人清言集》，上海：上海科学技术文献出版社，2018 年。

[19] 张小庄著《清代笔记》，《日记中的书法史料整理与研究》（上），杭州：中国美术学院出版社，2012 年。

[20] 国家文物局博物馆与社会文物司《博物馆纺织品文物保护技术手册》，北京：文物出版社，2009 年。

[21] 王云五主编、叶昌炽撰《语石》，北京：商务印书馆，1936 年。

[22] 傅如明著《书法篆刻创作》，上海：上海交通大学出版社，2014 年。

[23] 纪宏章《传拓技法》，北京：紫禁城出版社，1985 年。

[24] 章用秀《拓片收藏四十题》，天津：天津人民美术出版社，2004 年。

[25] 郭玉海《金石传拓的审美与实践》，北京：故宫出版社，2015 年。

[26] 国家图书馆编《中国传拓技艺图典》，北京：故宫出版社，2012 年。

[27] 马国庆《中国传拓技艺通解》，北京：人民美术出版社，2012 年。

[28] 周佩珠《传拓技艺概说》，北京：人民美术出版社，2004 年。

[29] 贾双喜《传拓与传拓技法问答》，北京：国家图书馆出版社，2010 年。

[30] 李宁《摹揭考》，《中国书法》2019 年第 13 期。

[31] 王霖《贯休十六罗汉图考——以杭州西湖圣因寺藏本为线索》，《新美术》2013 年第 5 期。

[32] 史树青《悼念周希丁先生》，《文物》1962 年第 3 期。

[33] 高稳扬《颖拓和花鸟画结合的探索与实践研究》，苏州大学，2019 年。

后　记

　　笔者从事文物保护工作 15 年，擅长书画装裱修复和文物传拓，师从导师张清和师父傅万里先生。在师父的悉心指导和工作单位的培养下，结合中国国家博物馆丰富的馆藏文物，笔者多年来积累了较为丰富的传拓经验，整理出版了这本传拓技法专著。在撰写该书的过程中，得到了陈成军常务副馆长和王力之院长的关心和鼓励，也得到了恩师傅万里先生、歆真兄，同事张苛、孟硕的耐心指导和帮助，在此对他们无私的付出一并表示衷心的感谢！

　　传拓技艺经历了一个漫长的发展过程，古色的斑驳和墨拓的漫漶都体现了其不可替代的独特艺术价值，彰显了古人智慧的结晶，亦使我国优秀的传统文化得到传承和发展。书中对传拓研究史进行了简单梳理，并对传拓工具、程序、装裱等相关的理论基础进行了阐述，最后以师徒三人对馆藏青铜器实物的传拓作品附图为结。编写此书的过程中，我对这门传统技艺有了更深的体会，师父傅万里先生作为业界优秀的传拓技艺传承者，无论是在平面拓、全形拓，还是篆刻绘画方面，都以客观真实为旨，作品细节上的丰富表现和墨色的对比融合都饱蕴浓厚的金石之气，对我学习传拓技艺产生了深远的影响，使我在一次次的实践中成长，精进不休，特别是对青铜器传拓方面的解读和构建有了更高层面的认知，也让我在长期的实践工作中增进了做事的条理性，磨炼了意志，不断地完善自身学养。

　　传拓技艺在技术本身的传承与发展抑或理论化研究方面都还有着较大的探索空间，期待越来越多的研究者、实践工作者能够更加深入地涉及和探究，继续挖掘与整理，以匠心精神汲取传统的精华，结合当代的新兴科技与艺术手段，加强对传拓技艺的保护力度，使这项传统技艺适应社会与时代发展的需求，走得更远更精，从而将传拓技艺所蕴藏的民族精神与文化价值发扬光大。这也是我在今后文物保护工作中努力实践和思考的方向。

　　由于本人学识有限，对某些器物传拓的掌握及相关专业知识的学习尚有欠缺，书中撰写文字和解读若有疏漏或不当之处，恳请各位老师、学者不吝赐教，敬请谅解。

2024 年 1 月

王博写于中国国家博物馆文保院